생각이 자라는
창의융합 놀이

새로운 가치를 창출하는
창의융합인재 만들기 프로젝트

새로운 가치를 창출하는 창의융합인재 만들기 프로젝트
생각이 자라는 **창의융합 놀이**

초판 1쇄 인쇄 2015년 10월 27일
초판 1쇄 발행 2015년 11월 09일

지은이 김주연

펴낸이 최남식
디자인 오리진하우스 디자인팀
교정교열 김지혜
사 진 Shutterstock
마케팅 전현영, 고광정, 채규선
제 작 최병호

펴낸곳 오리진하우스
출판등록 2010년 3월 23일 제313-2010-87호
주 소 인천시 서구 원당대로 670, 609호(당하동, 동인스카이)
전 화 02. 335. 6612   **팩 스** 0303. 3440. 6612
이메일 originhouse@naver.com
홈페이지 http://www.originhouse.co.kr
블로그 blog.naver.com/originhouse

값 15,000원ⓒ2015, 김주연 & 오리진하우스
ISBN 978-89-964247-5-8 13590 : 15000

*이 책의 내용을 무단 복제하는 것은 저작권법에 의해 금지되어 있습니다.
*잘못 만들어진 책은 구입하신 곳에서 교환해드립니다.

오리진하우스는 독자 여러분의 원고 투고를 기다리고 있습니다.
원고가 있으신 분은 originhouse@naver.com으로 간단한 개요와 취지, 연락처 등을 보내 주세요.

이 도서의 국립중앙도서관 출판예정도서목록(CIP)은 서지정보유통지원시스템 홈페이지(http://seoji.nl.go.kr)와 국가자료공동목록시스템(http://www.nl.go.kr/kolisnet)에서 이용하실 수 있습니다. (CIP제어번호 : CIP2015028930)

생각이 자라는
창의융합 놀이

새로운 가치를 창출하는
창의융합인재 만들기 프로젝트

| 김주연 지음 |

PROLOGUE

창의융합인재로 키우는 엄마표의 시작!

육아란 아득하긴 해도 끝이 있는 것인 줄 알았는데, 계속해서 꽉 막힌 굴속을 정신없이 지나고 있는 기분입니다. 그나마 큰아이를 초등학교에 보내고 이따금 뒤를 돌아볼 여유가 생기면서 지난 나의 육아를 생각해 보니 후회도 미련도 많이 남습니다. 매일 육아서를 들여다보며 책과 똑같이 아이를 키우려고 급급했던 여느 초보 엄마와 같았습니다.

저도 처음은 그렇게 시작했습니다. 어떻게 해야 할지 모르겠고, 모든 것이 두렵고, 누구하나 제대로 가르쳐 주는 사람도 없고, 내가 궁금한 내용은 육아서에 없고, 인터넷에는 너무 많은 정보가 있어서 뭐가 맞고 틀린지도 모르겠고, 다른 사람들은 다 잘하는데 나만 제대로 못하고 있는 것은 아닌지… 답답하기만 했습니다. 답답한 내 마음의 해결책은 고가의 책이나 교구를 사거나, 문화센터를 다니거나, 홈스쿨 선생님을 부르는 것인 줄 알았습니다. 우리 아이를 보호할 수 있는 건 엄마뿐이라는 걸, 내 답답한 마음의 해결책은 엄마로서 내가 직접 움직여야 한다는 걸 그 때는 잘 몰랐습니다.

하지만 어느 순간 내가 아이였을 때, 언제 행복했었는지를 떠올리게 되었습니다. 내가 행복했던 때처럼 내 아이에게 해 준다면 지금 내 아이도 행복하지 않을까? 우리 때만 해도 흙을 밟고 놀고, 동네를 뛰어다니며 숨바꼭질도하고, 산딸기 따러 다니고, 아카시아 잎을 뜯어서 가위바위보 놀이도 하고, 토끼풀로

팔찌 만들고 했던 기억이 새록새록 떠올랐습니다. 그리고 내 기억 속 행복은 내가 직접 만지고 느끼며 알게 된 경험들이었음을 어렴풋이 알게 되었습니다.

  그래서 이것저것 만져보고 탐색하면서 아이 스스로 느끼고 알게 하고 싶었습니다. 처음부터 쉽지는 않았습니다. 아이를 보호해야 한다는 엄마의 생각이 앞서다 보니, 아이에게 사물을 자유롭게 만지게 한다는 것이 어려웠습니다. 낙엽을 밟으면서 '바삭바삭 소리가 나지?'라는 엄마의 결론을 먼저 얘기해주는 것과 같은 일도 자주 있었습니다. 하지만 수차례의 놀이를 거치며 저도 '무슨 소리가 나지?'라는 격려가 섞인 질문을 아이에게 할 수 있게 되었습니다.

  물고기를 잡아 주는 것보다, 물고기 잡는 방법을 가르쳐 주어야 한다고 합니다. 우리가 놀이에서 얻을 수 있는 건 엄마와의 안정적 애착과 스스로 탐색하고 관찰하고 느끼면서 배우는 자기 주도 학습에 대한 방향을 이끌어주는 것입니다. 마트에서 두 시간 넘게 줄서서 요즘 인기 있는 장난감을 사주는 엄마가 아닌 엄마의 마음, 엄마와의 시간을 선물하는 건 어떨까요?

  융합(스팀)교육이 시행되면서 '놀이와 교육이 어떻게 연계되지?'라고 고민하는 분들을 위한 책을 제안 받고 많은 고민을 했습니다. 예쁘게 꾸며진 화려한 책은 아니지만 아이들이 직접 만들고 놀이를 하면서 실제로 자유롭게 표현할 수 있다는 것을 이 책에 담고 싶었습니다. 제 마음이 잘 전해져 이 책을 보는 여러분도 아이와 즐겁게 놀이를 할 수 있을 것이라 생각합니다. 저는 계속 놀이 멘토로 활동하면서 더 많은 놀이를 하고, 부족한 부분을 몸소 느끼고, 아이들의 성격 유형에 따른 놀이를 매일 고민하고 공부하고 있을 것입니다. 아이에게 좀 더 다가가고 싶은 엄마에게 이 책이 작은 도움이 되기를 바랍니다.

가을 어느날 **따랑해 김주연**

INTRO

융합(스팀; STEAM) 교육은
놀이로 즐겁게!
자율적으로!
스스로 깨우치게!

STEAM이라는 말을 들어 본 적 있는가? 초등학생 정도의 자녀를 키우는 사람이라면 익숙한 말일 것이다. 스팀(융합)교육은 어린이 및 학생들이 과학기술 소양을 바탕으로 인문학이나 예술 등 타분야와 연계하여 공부하고, 이를 실생활에서 직접 활용 할 수 있도록 하는 살아있는 교육이다. 이러한 교육을 통해 스스로 학습에 흥미를 지니고 즐겁고 자율적으로 공부하며 융합마인드를 갖추게 하여 창의인재로 성장하게 하는 것이 스팀교육의 기본이다. 2011년에 교과부에서 과학과 기술과정 과목에 스팀의 개념이 도입된 교육과정을 고시하여 이론중심의 수학·과학을 탈피하고, 실제로 오감을 체험하며 학생들이 흥미를 지니고 학습하도록 하고 있다. 그렇지만 주입식 교육으로 잘 외우고 기억하는지가 중요했던 시절을 보낸 우리가 어떻게 자녀들에게 지식을 창의적으로 융합하는 능력을 길러 주어야 할지 난감하다. 그야말로 스팀교육 때문에 머리에서 스팀이 오른다.

이제 우리 아이는 다양한 지식을 융합하여 새로운 가치를 창출할 수 있는 사람으로 키워야 한다는 것을 알게 되었다. 하지만 현실은 어떻게 시작해야 할지, 아이는 뭘 해야 하는지 막막하기만 할 것이다. 아이의 교과서만 봐도 이게 무슨 말인지, 내가 학생일 때도 이런걸 배웠는지...이렇게 고민만 하고 있을 때 옆집의 어떤 아이들은 수학을 잘하고 과학을 즐긴다. 왜 그런 것일까? 그것은 아이가 태어나 자라면서 놀이라는 생활과학에 충실한 결과이기 때문이다. 엄마는 아이가 어렸을 때 부터 엄마표 놀이라는 또 다른 교육을 통해 오감을 자극하고

**교육부, 2015 교육과정에서 '창의 융합형 인재상' 제시
우리 아이, 다양한 지식을 융합하여
새로운 가치를 창출할 수 있는 사람으로 키워야 한다!**

생활속에서 수학과 과학 그리고 기술을 접목시켰던 것이다. 그로인해 아이는 놀이를 즐기는 과정에서 그 원리(수학·과학)를 스스로 터득하는 체험을 한 것이다.

즐기고 스스로 깨우치고 터득하는 교육 그것이 바로 스팀(STEAM)교육이다. 이 스팀(STEAM)교육은 엄마표 놀이와도 일맥상통한 것이다. 미국에서는 1990년대 부터 "과학(Science), 기술(Technology), 공학(Engineering), 수학(Mathematics)"을 통틀어 일컫는 말로 'STEM'이라는 용어를 사용해 왔다. 그리고 2006년에는 미국 버지니아주 기술교육협회장인 조지 야크만은 STEM에 예술(Art)까지 포함시킨 STEAM이라는 개념을 내세우며 현대 사회에서 요구되는 실질적인 융합교육을 강조해왔다. 이러한 스팀교육은 여러 학문의 경계를 넘나들며 주제 혹은 특성과제를 중심으로 통합형 교육을 함으로써 다방면의 통합적인 지식 습득이 가능하다.

스팀교육에서 가장 중요한 점은 어른의 눈높이와 지식이 아닌 아이의 눈높이에서 문제를 해결할 수 있게 환경을 만들어 주고 아이의 생각이 무언인지 자주 물어보며 아이가 다양한 방법을 제시하고 스스로 문제를 해결하려고 할 때 격려해 주는 것이다. 부모는 아이들에게 놀이를 통하여 다양한 경험과 폭넓은 지식을 얻을 수 있도록 도와주어야 한다. 그럼 오늘부터 아이와 함께 본 도서에서 소개되는 생활속 가치와 미술 놀이, 재활용 놀이, 신체 놀이, 요리를 하면서 자기 나름의 방법을 찾게하고 원리를 터득하는 스팀교육의 첫 발을 내딛어 보자.

CONTENTS

PROLOGUE　융합인재로 키우는 엄마표의 시작!
INTRO　융합(스팀;STEAM) 교육은 놀이로 즐겁게! 자율적으로! 스스로 깨우치게!

마음을 읽다

믿음	엄마표의 시작! 너를 믿어줄게!	18
	표정놀이	20
	우유갑 한글교구	22

용기	물감놀이 싫어! 손에 묻잖아!!	24
	손잡이 스탬프	26
	화장지 심 스탬프	28

융통성	생활 속 수학	30
	빨대도형	32
	색색 목걸이	34
	시계놀이	36

자아성찰	엄마의 흔한 실수	38
	강아지 반쪽 그림그리기	40
	비스킷 몬스터	42
	감귤표정 놀이	44

자신감	난 그림 잘 못그려! 엄마가 그려줘!	46
	공던지고 받기	48
	꼬리잡기	50
	다트 만들기	52

지혜	넘쳐나는 장바구니	54
	물레방아	56
	레몬 비밀그림	58
	풍선 비눗방울	60

절제	엄마는 슈퍼우먼이 아니야	62
	휴지야구 슛!	64
	망치놀이	66

참을성	엄마의 스트레스	68
	종이컵 기차	70
	양말농구	72

생각을 펼쳐라

열정	또, 공룡책이야?	76	사고력	아이는 자란다	88	모순	감사한 하루!	108
	공 던지기	78		신문지 미로	90		테이프 심 바구니	110
	색종이 팔찌	80		시장 놀이	92		양말 물고기	112
				전단지 빙고	94			
관찰력	엄마 현미경	82	참과 거짓	아이 마음속의 순수한 진실	96	독서 습관	책이라는 습관 책이라는 장난감	114
	간이분수대	84		스토리텔링 분류 놀이	98		스토리텔링 책 만들기	116
	풍선보트	86		나무 꾸미기	100		우유갑 연필꽂이	118
			합리성	하루는 24시간	102	깨달음	아이들은 노력을 하고 있었다!	120
				축구공 놀이	104		뚜껑 놀이	122
				손가락 반지	106		양말 짝 맞추기	124

가족 그리고 모두의 관계

사랑 참 간사한... 128	**우정** 아이들은 서로의 자극제가 된다 146	**용서** 얼굴의 상처 166
종이컵 꽃게 130	물풍선 열매 148	바게트 기차 168
종이 접시 꽃 132	우유통 물놀이 150	찬밥 도넛 170
	종이 양치컵 만들기 152	생크림 컵 케이크 172
아빠 아빠는 무서워! 134	**겉치레** 겉보다는 안으로의 더 큰 기쁨 154	**갈등** 더러운 건 못참아~ 욕실에서 놀자 174
풍선 펀치 136	설탕 그림 156	샤워기 만들기 176
칸쵸 빙고 138	조개 화석 158	페트병 분수대 178
협동 무계획적인 놀이 140	**배려** 참관 수업에서 생긴 일 160	**가족** 영재의 조건 엄마의 정보력 180
배드민턴 놀이 142	솜사탕 아이스크림 162	우리 가족 풍선 182
생활 축구공 만들기 144	생일 파티 모자 164	보물 풍선 184

세계로 맘껏 날아라

조화와 갈등	좀 더 생각하기!	188	평등	형제의 신경전	200	다양성	나와 다른 하지만 같은	218
	간이 온도계	190		비닐 공작새	202			
	우유 아이스크림	192		주걱 거울	204		선비갓 만들기	220
							물티슈 뚜껑 국기교구	222
겸손	엄마, 백점 맞았어요!	194	공정성	칭찬스티커	206	인간과 자연	베란다 텃밭	224
				자연물 액자	208		자연물 놀이	226
	숟가락 인형	196		밀가루 채통	210		물 양동이 만들기	228
	색종이 복조리개	198					자연을 담은 열쇠고리	230
			평화	작은 일은 나누어 하자	212	정의	아이의 옳은 도덕성 정의의 가치	232
				컵라면 이글루	214		악어 캐스터네츠	234
				분유 탬버린	216		저금통 만들기	236

LOOK AHEAD

33가지의 아름다운 가치를 전하는 엄마의 육아 에세이

이 책은 우리 아이들이 살아가면서 꼭 알아야 할 33가지의 가치를 바탕으로 엄마인 저자 본인이 생활속에서 느끼고 경험했던 사례들을 에세이 형식으로 옮긴 책입니다. 1부는 '믿음', '용기', '자아성찰' 등 아이의 마음을 읽고, 2부는 '관찰력', '사고력', '깨달음' 등 아이의 생각을 펼칠 수 있는 주제로, 3부는 '사랑', '가족', '갈등' 등 가족과 모두의 관계에 대해 생각해 보고, 4부에서는 '평등', '인간과 자연', '정의' 등 아이가 바른 구성원이 되어 세상에서 맘껏 날아가길 원하는 내용으로 구성되었습니다.

엄마표 놀이를 통한 창의융합인재로의 성장

저자의 블로그에서 많은 공감과 댓글을 받은 포스팅을 40여 장의 이미지와 함께 재구성하여 독자들에게 새로운 감동과 따스한 느낌을 전할 것입니다. 또한, 에세이와 관련된 74개의 엄마표 놀이를 활용해 봄으로써 수학·과학 등의 원리를 체험하고 스스로 깨우치게 하여 다방면에서 통합적 지식을 습득한 창의융합인재로 자랄 수 있도록 도움을 제시할 것입니다.

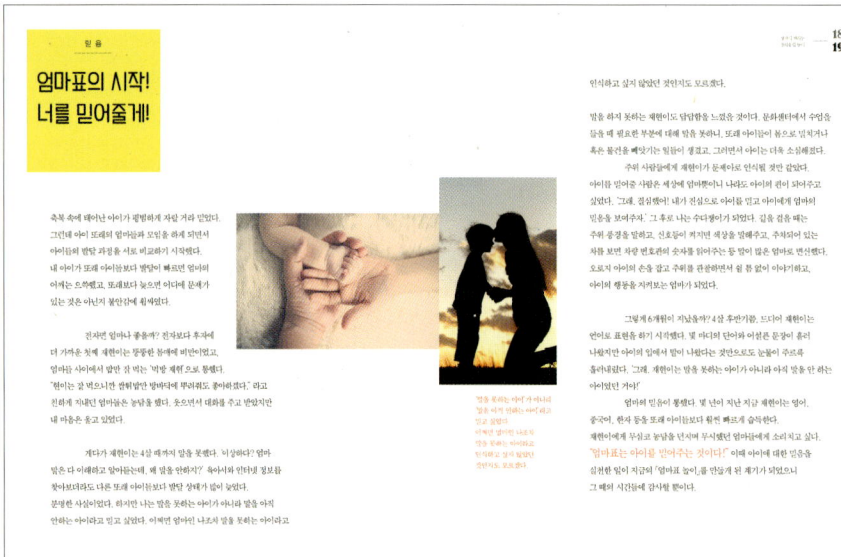

놀이에 필요한 재료와 난이도, 대상연령을 확인 후 시작하시면 활동에 더욱 집중할 수 있습니다.

활동을 통해 과학기술 원리와 인문학이나 예술 등 다방면의 지식을 습득할 수 있게 하여 창의융합(STEAM)교육으로 확장할 수 있습니다. 놀이를 통해 융합마인드를 갖추게 하는 것이 이 책의 구성 원칙입니다.

만드는 과정은 사진 설명과 함께 순서대로 따라하기 쉽게 구성되어 있으며, 만드는 방법을 응용하여 다르게 꾸며 볼 수도 있습니다.

MATERIAL

훌륭한 홈스쿨 교구로 변신할 수 있는 유용한 재활용품들

우유갑
연필꽂이, 저금통, 자동차, 보관함 등 다양하게 사용할 수 있어요.

두루마리 휴지 심
스탬프, 망원경, 선물 포장 등 활용에 따라 무한변신 합니다.

빈병/음료페트병
연필꽂이나 화분 등으로 활용할 수 있어요.

빈상자
과자 상자, 책 박스 등을 모아두면 다양하게 사용할 수 있어요.

마트 전단지/신문(무가지)
빙고 놀이, 시장 놀이 등 놀이에 활용할 수 있어요.

아이스크림 손잡이
연필꽂이, 인형, 저금통, 스탬프 놀이 등에 활용할 수 있어요.

과일 포장지(스펀지 완충제)
허수아비, 인형 만들기, 공 놀이 등 장식재료를 이용해 활용할 수 있어요.

계란판(가전제품 포장재)
애벌레, 몬스터, 아이언맨 등 아이들이 좋아하는 캐릭터를 만들기 좋은 재료입니다.

헌/짝잃은 양말
짝 찾기, 낚시 놀이 등 간단한 장식재료를 통해 멋지게 변신해요.

미술놀이 등 구비해두면 좋은 재료들

색종이
다양한 색상과 지질의 색종이를 사용하면 좋습니다.

후로킹볼
인형만들기, 모빌만들기, 환경판 꾸미기 등에 다양하게 활용됩니다.

눈 장식, 표정 스티커
인형 만들기 등 공예, 공작 재료로 다양하게 사용됩니다.

벨크로(찍찍이)
까슬이와 보슬이로 구성되어 붙였다 떼었다 할 수 있는 재료입니다.

모루
자유롭게 굽어지고 휘어져서 원하는 형태로 자유롭게 표현할 수 있습니다.

글루건
교구만들 때 자주 사용하는 재료로 전기를 사용하기 때문에 주의가 필요합니다.

> 스케치북, 전지, 빨대, 스펀지, 찰흙, 아이클레이, 천사점토, 스포이드, 종이컵, 일회용 접시, 색연필, 가위, 크레파스, 키즈페이트, 풀, 유성 매직, 붓, 오일 파스텔, 우드락, 스티커자석, 마스킹테이프, 코팅기, 코팅필름, 비닐, 등

재료구입 및 융합창의교육 관련 웹사이트

재료구입

조은에스씨 사무용품, 문구, 공예 쇼핑몰
http://www.goodmungu.co.kr

맘아트 유아 미술재료 전문 쇼핑몰
www.momart.co.kr

사이언스키트 과학실험 키트 전문업체
http://www.sciencekit.co.kr

융합창의교육

융합인재교육 STEAM STEAM소개, 수업/주제별 프로그램 제공
http://steam.kofac.re.kr/

사이언스올 한국과학창의재단 운영, 과학콘텐츠센터, 과학포털, 수학 과학 교과자료 등 제공
http://www.scienceall.com/

웅진홈스쿨 초등 V맘 커뮤니티 초등교육 커뮤니티, 교육정보, 학습자료, 공부법 소개
cafe.naver.com/wjtbhomeschool

CHAPTER 1

마음을 읽다

믿음

엄마표의 시작!
너를 믿어줄게!

축복 속에 태어난 아이가 평범하게 자랄 거라 믿었다. 그런데 아이 또래의 엄마들과 모임을 하게 되면서 아이들의 발달 과정을 서로 비교하기 시작했다. 내 아이가 또래 아이들보다 발달이 빠르면 엄마의 어깨는 으쓱했고, 또래보다 늦으면 어디에 문제가 있는 것은 아닌지 불안감에 휩싸였다.

전자면 얼마나 좋을까? 전자보다 후자에 더 가까운 첫째 재현이는 뚱뚱한 몸매에 비만이었고, 엄마들 사이에서 밥만 잘 먹는 '먹방 재현'으로 통했다. "현이는 잘 먹으니깐 쌀튀밥만 방바닥에 뿌려줘도 좋아하겠다." 라고 친하게 지내던 엄마들은 농담을 했다. 웃으면서 대화를 주고 받았지만 내 마음은 울고 있었다.

게다가 재현이는 4살 때까지 말을 못했다. '이상하다? 엄마 말은 다 이해하고 알아듣는데, 왜 말을 안하지?' 육아서와 인터넷 정보를 찾아보더라도 다른 또래 아이들보다 발달 상태가 많이 늦었다. 분명한 사실이었다. 하지만 나는 말을 못하는 아이가 아니라 말을 아직 안하는 아이라고 믿고 싶었다. 어쩌면 엄마인 나조차 말을 못하는 아이라고 인식하고 싶지 않았던 것인지도 모르겠다.

말을 하지 못하는 재현이도 답답함을 느꼈을 것이다. 문화센터에서 수업을 들을 때 필요한 부분에 대해 말을 못하니, 또래 아이들이 몸으로 밀치거나 혹은 물건을 빼앗기는 일들이 생겼고, 그러면서 아이는 더욱 소심해졌다.

주위 사람들에게 재현이가 문제아로 인식될 것만 같았다. 아이를 믿어줄 사람은 세상에 엄마뿐이니 나라도 아이의 편이 되어주고 싶었다. '그래. 결심했어! 내가 진심으로 아이를 믿고 아이에게 엄마의 믿음을 보여주자.' 그 후로 나는 수다쟁이가 되었다. 길을 걸을 때는 주위 풍경을 말하고, 신호등이 켜지면 색상을 말해주고, 주차되어 있는 차를 보면 차량 번호판의 숫자를 읽어주는 등 말이 많은 엄마로 변신했다. 오로지 아이의 손을 잡고 주위를 관찰하면서 쉴 틈 없이 이야기하고, 아이의 행동을 지켜보는 엄마가 되었다.

그렇게 6개월이 지났을까? 4살 후반기쯤, 드디어 재현이는 언어로 표현을 하기 시작했다. 몇 마디의 단어와 어설픈 문장이 흘러 나왔지만 아이의 입에서 말이 나왔다는 것만으로도 눈물이 주르륵 흘러내렸다. '그래. 재현이는 말을 못하는 아이가 아니라 아직 말을 안 하는 아이였던 거야!'

엄마의 믿음이 통했다. 몇 년이 지난 지금 재현이는 영어, 중국어, 한자 등을 또래 아이들보다 훨씬 빠르게 습득한다. 재현이에게 무심코 농담을 던지며 무시했던 엄마들에게 소리치고 싶다. **"엄마표는 아이를 믿어주는 것이다!"** 이때 아이에 대한 믿음을 실천한 일이 지금의 「엄마표 놀이」를 만들게 된 계기가 되었으니 그 때의 시간들에 감사할 뿐이다.

'말을 못하는 아이'가 아니라 '말을 아직 안하는 아이'라고 믿고 싶었다. 어쩌면 엄마인 나조차 말을 못하는 아이라고 인식하고 싶지 않았던 것인지도 모르겠다.

표정놀이

info

난이도 : ★★★☆☆

재료 : 펠트지, 벨크로(까슬이), 우유갑, 박스 혹은 하드보드지, 글루건, 가위, 장식 재료

대상 연령 : 3~7세

STEAM

🎨 **Art**
아이들은 언어 표현이 서툴기 때문에 자신의 감정을 표정으로 전달할 수 있도록 도움을 주면 좋다. 활용도에 따라 상상력과 창의력을 높일 수 있다.

🧮 **Mathematics**
구체물 조작 활동을 통하여 원(2, 3학년)과 선대칭 도형(5학년)의 개념을 친근하게 이해한다.

how to

1. 박스나 하드보드지 등 두꺼운 종이를 준비해 주세요.

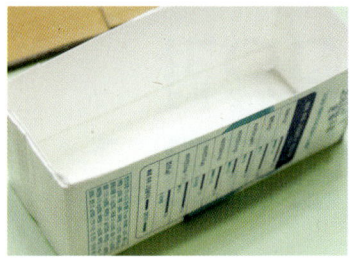

2. 우유갑을 씻어 말린 후에 사진과 같은 통모양으로 만들고 펠트지를 붙여 주세요.

3. 펠트지로 박스를 감싸준 후 윗부분에 고리를 달고 2의 우유갑을 붙여 주세요.

4. 펠트지를 동그란 모양으로 잘라 솜을 넣은 후 글루건으로 붙여 주세요.

5. 장식 재료로 얼굴 표정을 꾸며 주세요.

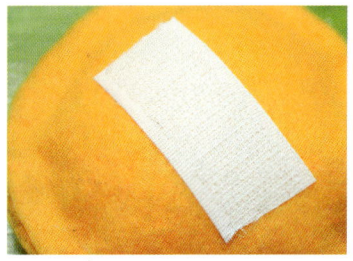

6. 얼굴 표정 펠트지 뒤쪽에 벨크로(까슬이)를 붙여 주세요.

7. 아이들과 함께 펠트지로 만든 얼굴 모양에 맞춰 표정을 따라해 보세요.

8. 표정 놀이 완성!

우유갑 한글교구

info

난이도 : ★★★☆☆

재료 : 우유갑, 가위, 방울, 장식 재료
대상 연령 : 3~7세

STEAM

Art
한글의 자음과 모음을 자연스럽게 익힐 수 있다. 또한 이러한 블럭놀이는 손가락과 손의 능력을 강화하고 눈의 협응력을 향상시킨다.

Mathematics
쌓기 활동을 통해 입체 도형(정육면체)에 대한 감각을 기르고, 공간 지각력과 공간 감각을 향상시킨다.

how to

1. 우유갑을 여러개 준비해 깨끗이 씻어 말려 주세요.

2. 잘 마른 우유갑에 방울을 두 개씩 넣어 주세요.

3. 우유갑을 주사위 모양으로 만들어 주세요.

4. 자음과 모음 카드를 만들어 우유갑에 붙여 주세요.

5. 모든 우유갑에 자음과 모음카드를 반복하여 다양하게 붙여 주세요.

6. 우유갑 한글교구가 완성 되었습니다.

7. 우유갑 한글교구 놀이 시작!

8. 한글교구를 활용해 글자를 만들고 읽어보세요.

용 기

물감놀이 싫어!
손에 묻잖아!!

물감이 손에 묻을 때 느낌이 싫은지 물감을 만지는 아이들의 얼굴 표정이 안 좋다. 그러면서 물감놀이를 거부하기 시작했다.
답답한 마음에 나는 아이들에게 반강제로 놀이를 요구하기도 했다. 물감을 손가락으로 가리키면서 "이건 초록색이고, 저건 파란색이야. 섞어봐." 한순간에 놀이의 중심이 아이들이 아니라 엄마가 되어버린 사건이었다.

아이들과의 놀이를 위해 열심히 재료를 준비하고 아이들과 함께 놀 시간만 기다렸는데, 아이들의 반응이 시큰둥하면 의식하지 못한 사이에 정말 화가 날 때가 있다. 이때 나에게 요구되는 시간은 짧고도 긴 3초이다. 단 3초, 3초만 참으면 또 다른 시선으로 아이를 바라볼 수 있다. 이 방법은 보통 엄마들 사이에서 '3초의 기술' 또는 '3초의 기법'으로 통한다.

3초 동안 내 머릿속은 폭풍 같은 고민에 휩싸이게 된다. '그냥 하지 말까?', '어떻게 물감과 친해지게 할 수 있을까?' 등등 3초는 나를 시험에 빠지게 만드는 순간이다. 결국 엄마의 자리로 돌아와 물감과 친해질 수 있는 방법을 찾기로 했다. 정성껏 준비해 놓은 물감놀이를 한순간에 치워 버리기엔 아쉬움이 남을 것 같았다.

단 3초. 3초만 참으면
또 다른 시선으로
아이를 바라볼 수 있다.
'3초의 기술'

아이가 물감을 만지는 촉감을 싫어하기 때문에 시각적으로 물감의 화려함을 보여주기로 결심했다. 빨간색과 파란색을 섞어서 "우와! 보라색이 되었네." 순식간에 색이 변하는 것을 보여주었다.
그리고 스케치북 위에 물감을 주욱 짜게 하고, 반으로 접었다 펴면서 "어머나! 양쪽이 데칼코마니가 되었네." 놀라워하면서 시각적인 자극을 주었다.

어느새 아이는 물감의 색상 변화에 빠져 들기 시작했다.
"우와! 우와! 초록색을 섞으면 무슨 색이 나와요?" 아이의 질문이 적극적으로 달라지기 시작했다. 처음에는 그냥 바라보기만 했던 아이의 반응이 '이 색을 섞으면 무슨 색이 나올까?'라는 호기심 가득한 질문형으로 바뀌게 된 것이다.

아이가 처음에 촉감으로 느끼는 물감놀이를 두려워했기 때문에 손에 묻지 않는 물감놀이로 바꾸어 진행한 것이 이런 결과를 만들어 주었다. **처음이라는 것은 누구에게나 두려움으로 다가온다.** 엄마는 그 두려움을 이겨낼 수 있도록 아이를 도와 줄 수 있다. 엄마는 아이의 성향을 누구보다 잘 아는 존재이기 때문에 아이의 호기심을 유발할 수 있는 방법도 더 잘 찾을 수 있다. 만일 이날 아이의 반응이 시큰둥하다는 이유로 물감놀이를 포기했다면 아이는 계속 물감을 싫어하는 아이로 성장했을지도 모른다.

"들은 것은 잊고, 본 것은 기억하며, 행한 것은 이해한다."는 공자의 이야기가 생각난다. 아이들은 참여 학습을 통해서 느낄 수 있는 것들이 아주 다양하다. 그러니 이제 엄마부터 두려움을 떨치고 용기 내어 자극을 줘 보자!

손잡이 스탬프

info

난이도 : ★★☆☆☆

재료 : 손잡이가 있는 아이스크림 케이스, 빈박스, 모루(장식재료), 글루건, 물감

대상 연령 : 3~7세

STEAM

Art
물감 만지기를 거부하는 아이들이 있다면 손잡이가 있는 스탬프를 만들어 주면 편리하게 사용할 수 있다. 손에 잡기 좋은 스탬프는 영·유아 시기에도 유용하다.

Mathematics
그림 속에 규칙(Pattern)을 찾아보는 활동은 수학적 추론력과 함수를 이해하는 기초 사고력을 키운다.

how to

1. 손잡이가 있는 아이스크림 케이스를 준비해 주세요.

2. 아이스크림 손잡이를 박스 한쪽 면에 대고 동그랗게 그리고 선을 따라 잘라 주세요.

3. 모루나 장식재료를 준비해 주세요.

4. 잘라진 장식재료를 동그랗게 잘라진 박스 위에 붙여 주세요.

5. 꾸며진 재료를 손잡이 밑부분에 붙여 주세요.

6. 물감을 준비해 콕 찍어주세요.

7. 스탬프 그림을 완성했어요.

화장지 심 스탬프

info

난이도 : ★☆☆☆☆

재료 : 전지(스케치북), 가위, 화장지 심, 물감, 팔레트
대상 연령 : 3~7세

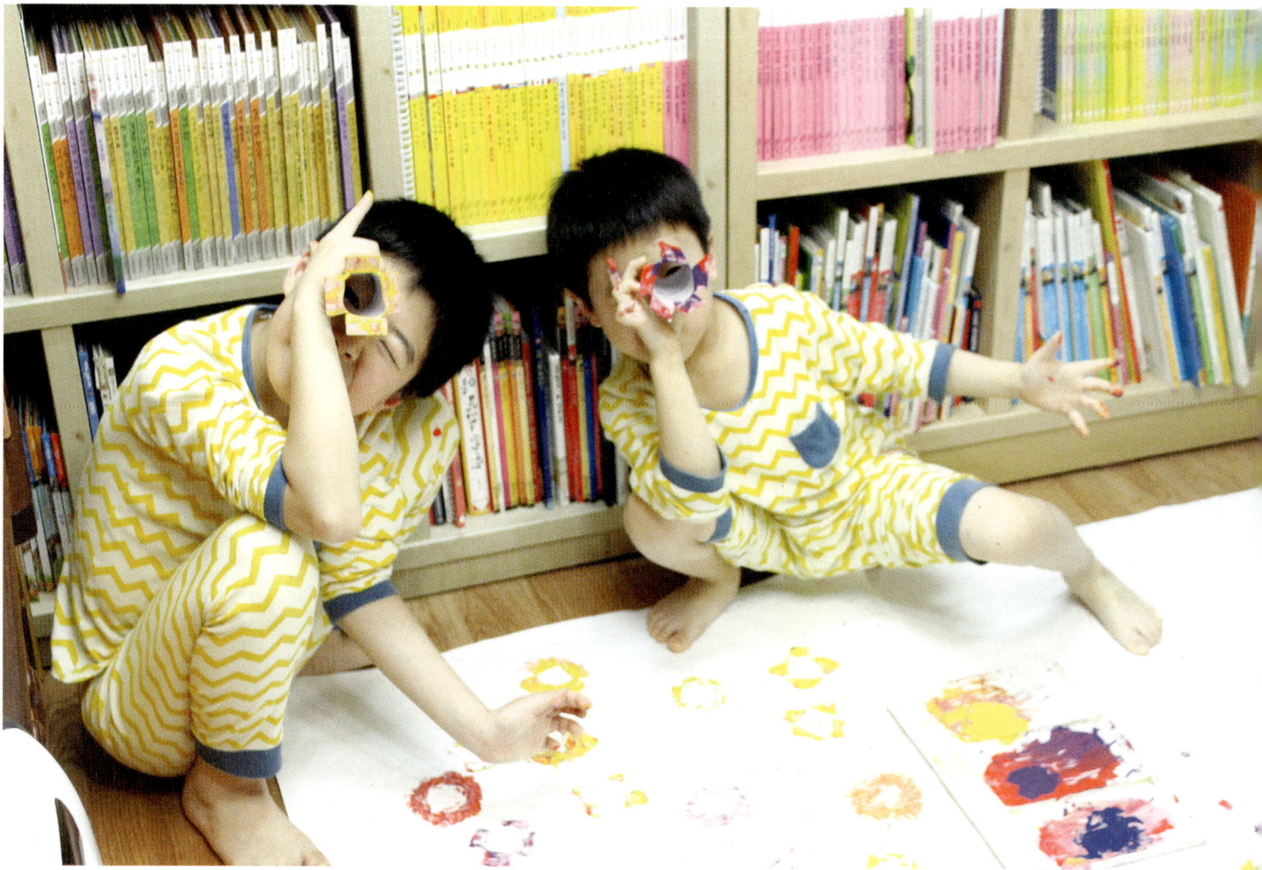

Art
색의 본질을 이해하고 여러 색을 섞어 보면서 색의 혼합에 대해 알아본다.

Mathematics
꽃을 꾸밀 때 2개나 4개, 3개나 7개로 할지 등 홀수·짝수 규칙을 만들어 활용해 볼 수 있다.

how to

1. 전지 두 장을 거실에 붙여 주세요.

2. 가위로 화장지 심의 중간까지 여러 크기로 잘라 주세요.

3. 잘라진 휴지 심을 밖으로 접어서 다양한 모양을 낼 수 있도록 정리해 주세요.

4. 팔레트 위에 물감을 짠 후 모양을 내어 자른 휴지심에 톡톡 묻혀 주세요.

5. 전지 위에 찍어 보세요.

6. 전지 위를 알록달록 예쁘게 꾸며 주세요.

융통성

생활 속 수학

한 뱃속에서 나왔지만 첫째와 둘째는 먹는 것도, 공부하는 방법도, 생각도 모두 정반대이다. 큰아이는 바른 생활맨으로 정해진 규칙 안에서만 행동하는 FM같은 성향이라면, 둘째는 이리 튀고, 저리 튀며 그때 그때 요령껏 행동하는 자유분방한 성격이다.

이런 둘을 보고 있노라면 딱 반반씩 섞어놓으면 참 좋겠다 싶다가도 섣불리 아이의 성격을 규정짓는 것을 경계하려고 한다. 아직 아이들은 경험한 것보다 경험하지 못한 것이 더 많기 때문에 엄마의 판단에 따라 임의로 아이의 성격을 규정지어서는 안 된다. 오히려 아이의 반대 성향에 더 자극을 주어서 아이의 역량을 확인해 봐야 한다. 이것은 평가나 테스트가 아니라 아이가 아직 경험해보지 못한 것을 경험하게 해서 미처 발견하지 못한 성향을 발견하기 위해서다. 아이들의 잠재력은 무궁무진하기 때문에 자극을 주는 만큼 혹은 그 이상의 역량을 발휘하기도 한다. 즉, 아이에게 그 성향이 없는 것이 아니라 아직 미처 경험해보지 못했기 때문에 발현되지 않았을 뿐이다.

지금에야 저렴하고 다양한 도형 교구가 많이 있지만 재현이가 클 때만 해도 100만 원짜리 '프*벨' 교구 뿐 이었다. 남들 하는 거 다 하면 좋기야 하겠지만 '어릴 때부터 그렇게 비싼 교구를 사줘야 하나.' 하는 생각에 크게 신경 쓰지 않고 재현이 어린 시절을 보냈다. 하지만 지금 도형에 유독 약한 재현이를 보면 내가 좀 더 노력해서 다른 교구나 대체 활동을 해 주지 못한 것에 후회가 많이 남는다. 책으로만 아는 것보다 직접 보고 만져본 것들이 더 오래 기억에 남듯, 도형도 많이 만져보고 느껴본 아이들의 도형 감각이 더 빠를 수밖에 없다.

시간이 지나고 후회가 밀려왔지만 후회만 하고 있기엔 아직 늦지 않았다고 생각했다. 그래서 생활 속에서 흔히 사용 하는 물건들을 활용하기도 하고, 저렴한 교구를 사기도 하고, 때로는 엄마표 놀이를 만들어서 놀이와 함께 도형을 체험할 수 있게 해주었다. 그랬더니 아이가 점점 도형에 흥미를 보이고 더불어 도형에 대한 이해력이 높아지는 것을 관찰할 수 있었다.

아이에게 그 성향이 없는 것이 아니라 아직 미처 경험해보지 못했기 때문에 발현되지 않았을 뿐이다.

엄마들은 문제집 몇 장을 풀고, 학습지를 해야 비로소 공부했다고 생각한다. 하지만 생활 속에서 경험을 통해 배우는 수학과 과학은 책상 앞 학습지에서 배우는 것보다 더 큰 효과가 있다.
"마이쮸가 세 개 있네. 하나를 먹으면 몇 개가 남지?"
"횡단보도 신호등은 어떻게 켜지고 꺼지는 걸까?"
이렇게 아이와 대화하면서 생활 속 수학·과학놀이를 연계하는 것이다. 생활 속에서 아이가 직접 경험하며 배운 내용은 아이의 기억에 더 깊이 남아있게 된다.

아이의 성향을 빨리 판단해서 적성에 맞는 길로 인도해 주는 것도 중요하지만, 엄마의 속단으로 설불리 아이를 판단해 버리지는 말자. 분명 엄마가 준 작은 자극으로 아이의 숨겨진 재능을 찾을 수 있을 것이다.

빨대도형

info
난이도 : ★★★☆☆

재료 : 점토, 가위, 빨대
대상 연령 : 6~8세

STEAM

Technology
생활속에서 도형의 원리를 이용하여 만든 타이어, 축구공, 맨홀 뚜껑, 건축물 등을 관찰해 보고 이야기 해 본다.

Mathematics
빨대로 만든 도형의 선과 면에 대해 이해하고, 입체도형까지 사고를 확장하여 공간 감각을 기를 수 있다.

how to

1. 점토를 준비해 주세요.

2. 점토를 동그랗게 만들어 주세요.

3. 빨대를 6cm정도의 길이로 잘라 주세요.

4. 삼각형을 만들어 보세요.

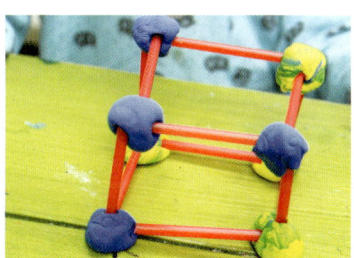
5. 사각기둥을 만들어 보세요.

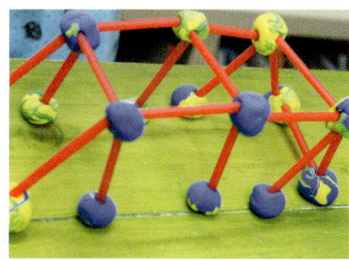
6. 입체적으로 도형을 이어가 보면서 구조물을 만들어 보세요.

색색 목걸이

info
난이도 : ★★★☆☆

재료 : 천사 점토, 싸인펜, 빨대, 실
대상 연령 : 4~8세

STEAM

🔧 **Engineering**
실로 하나씩 연결하면서 조작 놀이를 하고, 다양한 색이나 원하는 패턴대로 연결할 수 있다. 둥근 도형으로 만들 수 있다.

🎨 **Art**
다양한 색을 이용하여 하얀색 점토가 원하는 색으로 변하는 과정을 알 수 있다.

how to

1. 천사점토를 손으로 뜯어 주세요.

2. 원하는 색의 싸인펜으로 콕 찍어 준 후에 다시 점토를 문질러 주세요.

3. 다양한 색으로 점토를 동그랗게 여러 개 만들어 주세요.

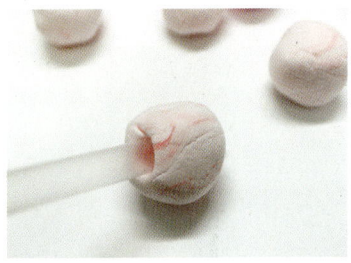
4. 빨대로 중앙을 콕~ 뚫어 주세요.

5. 실을 이용하여 다양한 색의 점토를 연결해 주세요.

6. 목걸이, 팔찌 등 아이들이 원하는 액세서리로 변신!

시계놀이

info

난이도 : ★★★★☆

재료 : 무늬가 있는 일회용 접시, 시침과 분침, 할핀, 테이프, 가위, 펜

대상 연령 : 6~8세

STEAM

Technology
시계의 작동원리인 탈진바퀴의 회전에 대해 이해한다.

Mathematics
시계의 움직임에 따른 시간을 읽을 수 있다.

how to

1. 무늬가 있는 일회용 접시를 준비합니다.

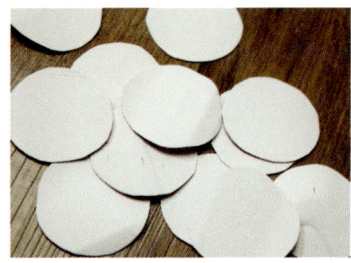
2. 두꺼운 종이를 동그랗게 자릅니다.

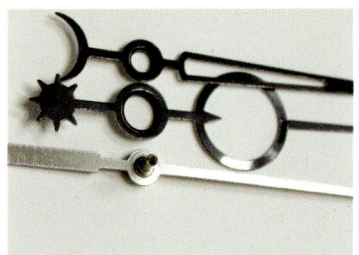
3. 시침과 분침을 준비합니다.

4. 3의 재료가 없을 시 두꺼운 종이를 잘라 시침과 분침으로 만듭니다.

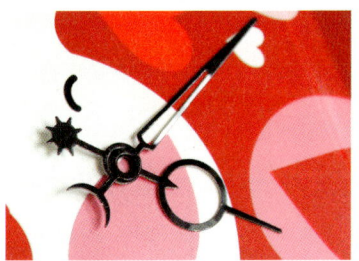
5. 일회용 종이접시 중앙에 바늘을 꽂고 두바늘을 하나로 연결해 할핀을 꽂아 줍니다.

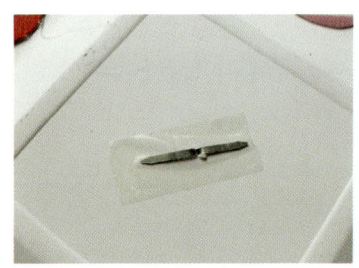
6. 꽂은 할핀 뒤쪽은 정리하여 테이프로 고정시켜 줍니다.

7. 네임펜을 이용하여 시간을 표시합니다.

8. 시계바늘을 움직이면서 시계 읽는 놀이를 합니다.

자아성찰

엄마의 흔한 실수

'너 때문에, 내가 밥 먹을 시간이 없는데...'
'너 때문에, 내가 이렇게 바쁜데...'
'너 때문에, 내가 모임도 못 나가는데...'
'너 때문에, 내가 너무 힘들어 울상인데...'
'너 때문에, 내가 늙는데...'
'너 때문에, 내 몸이 많이 망가졌는데...'
'너 때문에, 내 물건은 산적이 없는데...'

너 때문에, 내가 이렇게 많은 것들을 참았는데...

크게 심호흡을 한 번 하고,
다시 생각해보자.

'너로 인해, 내가 시간을 절약하게 되었다.'
'너로 인해, 내가 심심할 틈이 없다.'
'너로 인해, 쓸 데 없이 남 흉보며 시간과 돈을 낭비하는 모임에 나가지 않아도 되게 되었다.'
'너로 인해, 나를 향해 웃어주는 너의 미소 때문에 내가 웃는다.'
'너로 인해, 지금이 내가 늙어가는 시간이 아니라 너를 이해하며 함께하는 소중한 시간이 되었다.'

'너로 인해,
나를 향해 웃어주는
너의 미소 때문에
내가 웃는다.'

'너로 인해, 내 몸을 더 건강하게 하기 위해 노력하게 되었다.'
'너로 인해, 타인을 위한 소비가 나를 위한 소비보다 더 큰 기쁨이라는 것을 알게 되었다.'

너로 인해, 내 인생은 달라졌고 많은 변화가 생겼다.

육아라는 새로운 공부를 하게 되었고, 너와 내가 만들어가는 삶을 가치 있게 꾸리기 위해 스스로 노력하게 되었다. 엄마가 되면서 강한 여자가 되었지만 동시에 너를 통해 순한 감성도 얻게 되었다. 너로 인해 잃은 것도 있지만, 반면에 무료함에 빠지지 않고 건강한 긴장감을 가지게 되었다. 너로 인해 내 삶이 심심하지 않게 되었다.

어떤 상황을 놓고 부정적으로 생각하기 시작하면 한없이 나쁘게만 생각하게 되고 화만 나게 된다. 하지만 반대로 긍정적으로 생각하기 시작하면 한없이 다행이다 싶은 마음과 함께 지금에 감사한 생각까지 든다. 그리고 생각의 차이는 우리 몸의 변화에도 영향을 끼친다. 같은 상황에서 부정적으로 생각하느냐, 긍정적으로 생각하느냐에 따라 몸이 아프기도 하고, 오히려 더 건강하게 되기도 한다. 무슨 일이든 생각하기 나름인 것 같다.

'너 때문'이 아니라 '너로 인해' 이렇게 더 많은 것을 알게 되었다.

강아지 반쪽 그림그리기

info

난이도 : ★☆☆☆☆

재료 : 반쪽 스티커(반쪽 이미지), 스케치북, 색연필

대상 연령 : 4~8세

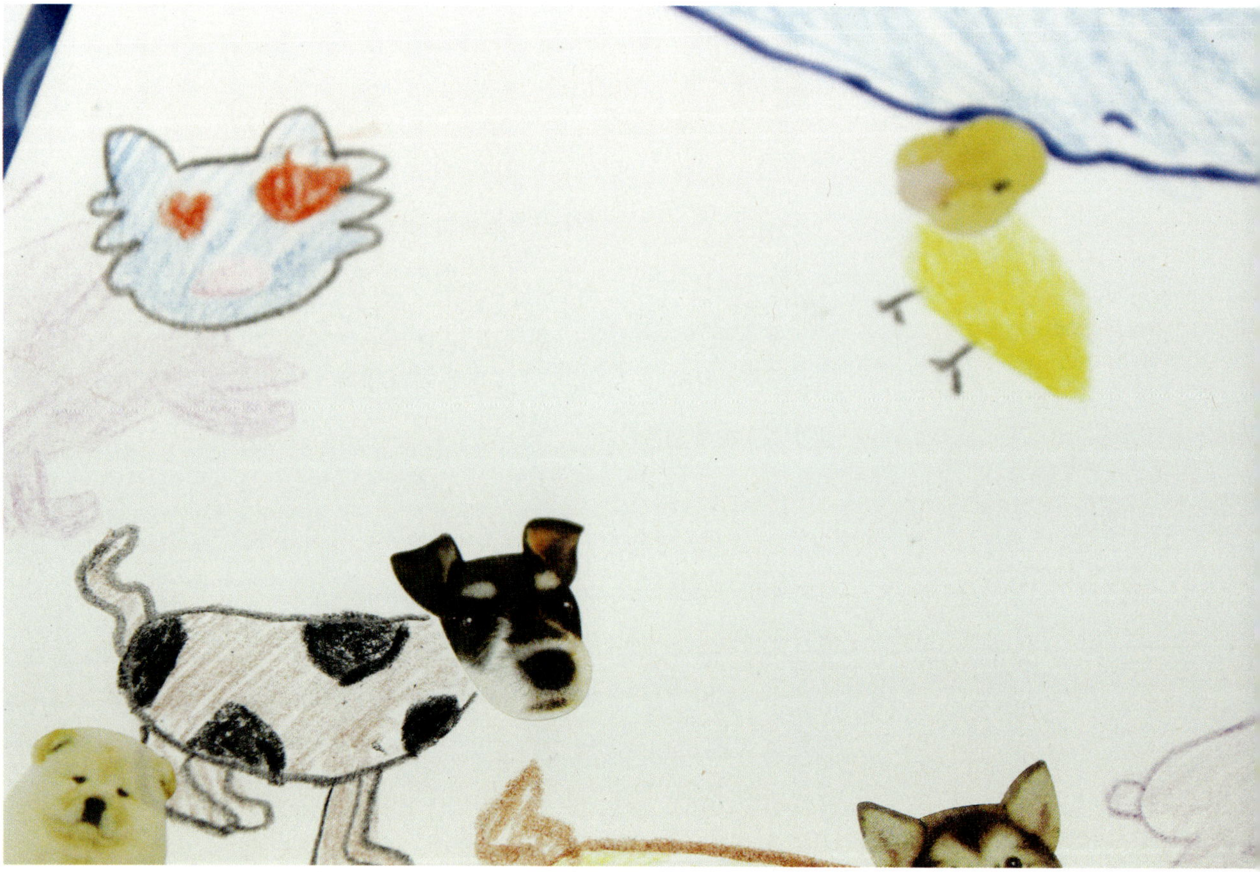

Art
반쪽 그림을 그려보며 동물의 특징을 살려 표현할 수 있다. 그려진 그림을 스토리로 풀어 보며 이야기를 나눌 수 있다.

Mathematics
반쪽 그림을 완성하는 활동을 통해서 수학적 추론력과 창의력을 향상시킨다.

how to

1. 반쪽 스티커를 준비합니다.

2. 스케치북 위에 반쪽 그림을 붙입니다.

3. 색연필로 나머지 반쪽 그림을 상상하면서 그려 봅니다.

4. 완성된 그림에 스토리를 만들어 서로 발표하는 시간을 가져 봅니다.

비스킷 몬스터

info

난이도 : ★★☆☆☆

재료 : 다양한 모양의 비스킷과 과자, 비닐, 가위, 색지, 테이프

대상 연령 : 3~7세

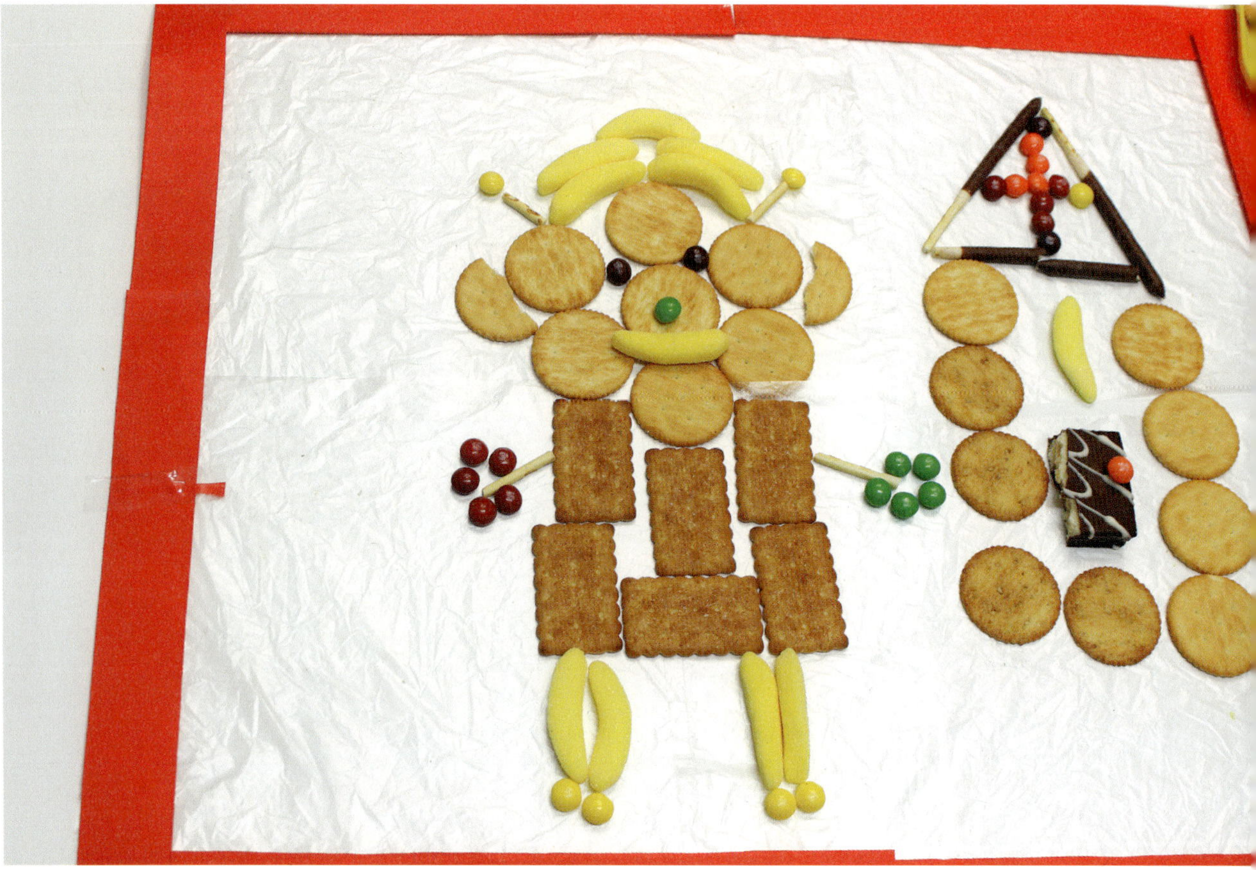

Science
과자의 신선도 유지와 과자 모양의 변형을 방지하기 위해 있는 질소에 대해서 이야기를 나눌 수 있다.

Mathematics
여러 가지 모양의 과자를 활용하여 새로운 모형을 만들어 봄으로써 평면도형에 대한 감각을 기르고, 수학적 추론력과 창의적 사고력을 키운다.

how to

1. 비닐을 책상 위에 펴놓고 색지를 5cm 정도로 길게 잘라 준비합니다.

2. 액자처럼 네모난 모양으로 프레임을 만들어 줍니다.

3. 비닐과 색지 사이가 흔들리지 않도록 테이프로 고정시켜 줍니다.

4. 다양한 과자를 준비합니다.

5. 아이들이 꾸미고 싶은 대로 과자를 이용해 꾸며 보도록 합니다.

감귤표정 놀이

info

난이도 : ★☆☆☆☆

재료 : 감귤, 펜, 눈장식
대상 연령 : 2~7세

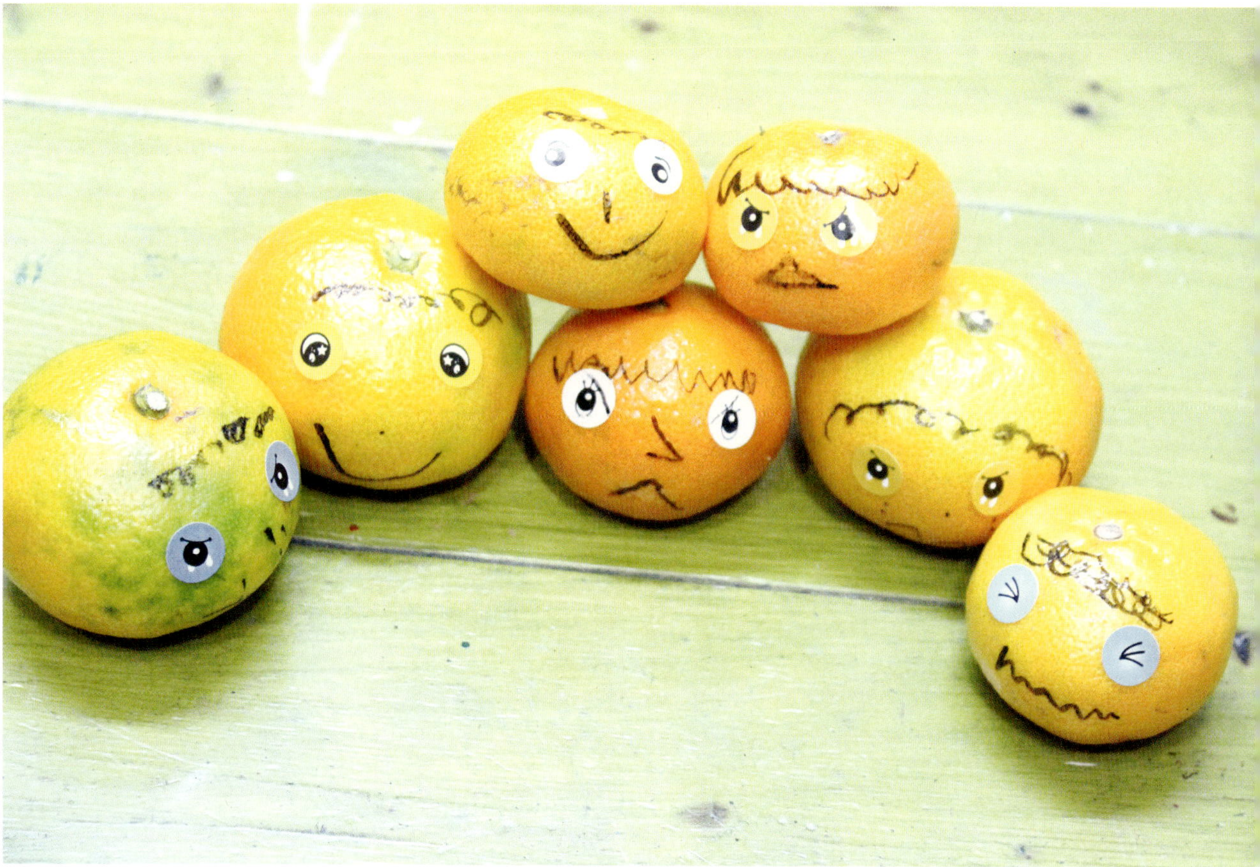

Technology
귤을 쌓아 보면서 중심 잡는 법을 이해하고 중심을 잡기 위한 개수의 변화를 알아본다.

Art
귤 껍질을 이용해 다양한 모양을 표현해 보도록 한다.

Mathematics
귤을 쌓으면서 수에 대한 양감을 키우고, 쌓기의 개수와 층별 개수 등 숫자에 대한 감각을 익힐 수 있다.

how to

1. 감귤을 준비합니다.

2. 눈 스티커를 이용해 감귤표면에 붙입니다.

3. 필요한 부분은 펜을 이용해 그려서 감귤인형을 만들어 봅니다.

4. 감귤인형 완성.

5. 감귤의 다양한 표정을 따라해 보기도 합니다.

6. 감귤을 쌓아도 보고~ 감귤껍질로 글씨도 써보도록 합니다.

자신감

난 그림을 잘 못그려! 엄마가 그려줘!

「엄마표 놀이」 중 오늘은 그림을 그리는 날이다. 그런데 오늘따라 둘째 아이는 스케치북 앞에서 크레파스를 들고 머뭇거린다. 왜 그럴까? 원래 그림 그리기를 좋아했는데 오늘은 유난히 자신 없는 모습이다.

형과 동생이 같이 놀이를 하다보면 간혹 동생이 형에게 질투를 느끼거나 형이 동생에게 질투를 느낄 때가 있다. 「엄마표 놀이」를 할 때는 누가 잘하고 못하는지 경쟁하지 말고, 그 시간을 즐기기만 하면 좋으련만 아이들의 마음은 또 다른가 보다. 사생대회를 나온 것처럼 아이들은 서로의 작품을 보면서 평가하기 바쁘다.

"재훈아! 그림에는 답이 없어."
"엄마 진짜?"
"우리는 그냥 즐기는 거야. 네가 그리고 싶은 게 정답이야!"

아이는 그제야 얼굴에 웃음기를 띠며 그림을 그리기 시작했다. 아이가 생각하고 표현하는 모든 것들에 자유의 날개를 달아주고 싶다. 그렇게 아이는 자신감을 얻고, 행복감을 느끼며 살아가는 것이 아닐까 생각한다.

지금 눈앞에 사과 하나가 놓여 있다고 하자. 형과 동생이 같은 사과를 보고 있더라도 서로의 생각과 느낌은 다를 수 있다. 형은 사과의 모양과 색깔에 집중했다면, 동생은 그 사과의 맛을 상상하고 있을 수도 있다. **같은 물체를 동시에 보더라도 서로의 생각과 느낌이 다를 수 있기 때문에 관찰의 힘은 중요하다.**

만약 아이가 고기가 아닌 풀을 뜯어먹고 있는 티라노사우르스를 그렸다면 어떻게 할 것인가? 대부분의 어른들은 "왜 이렇게 그렸어? 티라노사우르스는 육식 공룡이야! 풀을 어떻게 먹니?"라고 말하며 아이에게 올바른 지식을 알려주기 급급해서 지식에서 벗어난 내용을 바로 지적할 것이다. 하지만 이런 반응은 아이의 자존심을 상하게 하고 자신감을 떨어뜨릴 수 있다.

아이가 생각하고 표현하는 모든 것들에 자유의 날개를 달아주고 싶다. 그렇게 아이는 자신감을 얻고, 행복을 느끼며 살아갈 것이 아닐까….

아이에게 반응할 때, 조금만 더 시간을 들여 보면 어떨까? 먼저 아이의 의견을 물어보는 것이다.

"티라노사우르스가 왜 풀을 먹고 있는 거니?"

아이는 아이가 생각한 내용을 자신 있게 대답했다.

"티라노사우르스는 육식 공룡이지만 소화가 안 될까봐 풀도 같이 먹게 해주고 싶었어."

지식에 창의력을 더한 아이의 대답은 놀라웠다. 아이의 따뜻한 배려심이 묻어 있는 그림이 더 사랑스럽게 느껴졌다.

공 던지고 받기

info

난이도 : ★★★☆☆

재료 : 까슬이와 보슬이, 펠트지, 가위, 글루건, 목장갑, 일회용 종이그릇, 스티로폼 둥근공

대상 연령 : 5~8세

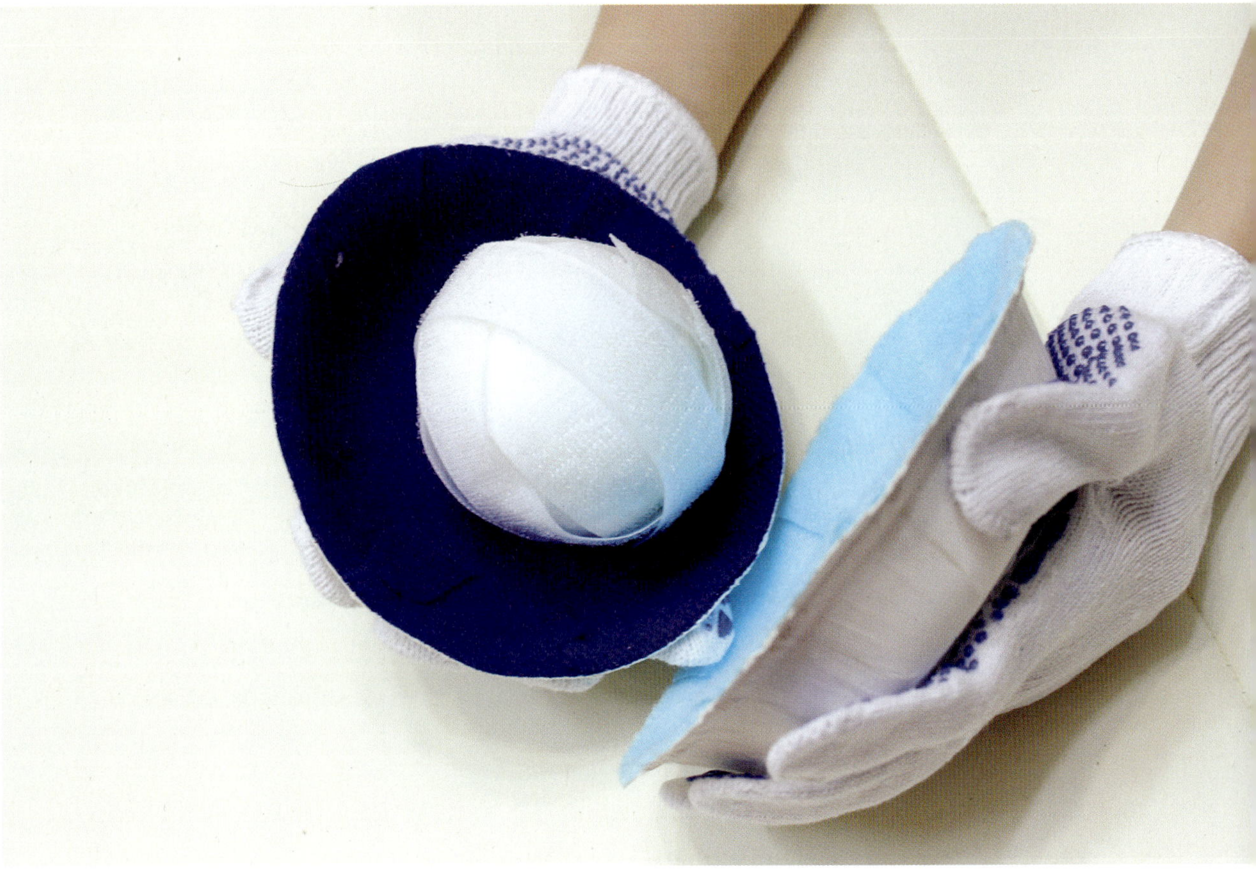

Technology
벨크로를 사용해 공이 붙고 떨어지는 접착력의 원리를 알 수 있다.

Mathematics
상대방과 함께 공을 주고받으면서 일대일 대응(함수) 관계에 대한 이해를 돕고, 주고받는 과정에서 숫자 세기 연습을 한다.

how to

1. 일회용 종이 그릇과 흰 목장갑을 준비해 주세요.

2. 일회용 종이 그릇을 가위로 끝만 5~6번 잘라주세요.

3. 펠트지 위에 2번을 펴서 테두리를 따라 연필로 그려주세요.

4. 펠트지를 가위로 자른후 새 일회용 종이그릇 안에 붙여 주세요.

5. 글루건으로 목장갑을 붙여 주세요.

6. 스티로폼 공이나 볼풀공 하나를 준비해서 까슬이를 돌려 붙여 주세요.

7. 완성!

8. 아이들과 주고 받으면서 놀아주세요. 혼자서 던지고 받기도 가능하답니다.

꼬리잡기

info

난이도 : ★★★★☆

재료 : 신문지, 펠트지, 글루건, 털실, 집게, 일회용 머리띠

대상 연령 : 4~8세

STEAM

Science
동물들의 특징을 살려 각 특징에 맞는 동물을 만들 수 있다.

Technology
꼬리를 서로 잡고 흉내도 내다보면 대근육 발달도 된다.

Engineering
동물의 특징에 맞게 꼬리에 무늬를 떼었다 붙였다 할 수 있다.

how to

1. 신문지를 돌돌 말아 주세요.

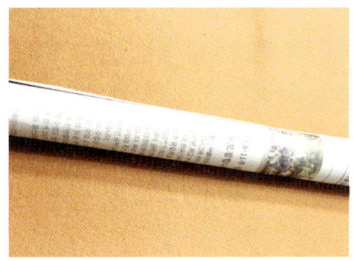
2. 돌돌말은 신문지를 펠트지에 올려 놓고 말아 주세요.

3. 실을 여러가닥 잘라 펠트지 안쪽에 붙여 주세요.

4. 반대편에는 집게를 붙여 주세요.

5. 검은색 펠트지를 동그랗게 잘라 돌돌 말은 펠트지 위에 까슬이를 이용해 붙여 주세요.

6. 일회용 머리띠 위에 귀나 뿔 등 특징을 살려서 꾸며 주세요.

7. 아이들이 머리띠를 하면 4번 집게를 이용해 바지 위에 집어 주세요.

8. 기린, 얼룩말 등 특징을 살려 다양하게 꾸며 주셔도 좋답니다.

다트 만들기

info

난이도 : ★★★☆☆

재료 : 백업, 압핀, 일회용 그릇, 펠트지, 우유갑, 마분지, 색종이, 풀, 가위

대상 연령 : 6~8세

CAUTION 다트 화살이 위험할 수 있으니 어린 아이들은 꼭 부모님이 함께 놀아주세요!

STEAM

🔧 Engineering
던지는 방법을 통해 힘 조절을 할 수 있고, 힘의 세기를 다르게 하여 던져보기도 하면서 다트에 꽂히는 위치 등을 직접 눈으로 파악해 볼 수 있다.

🌰 Mathematics
다트가 꽂히는 거리를 조절해 보면서 길이 재기, 길이 단위 읽기를 할 수 있다. 다트에 점수를 정해서 연산도 함께 할 수 있다.

> how to

1. 백업을 준비해서 반으로 잘라 주세요.

2. 압핀은 백업에 글루건으로 붙여 고정해 주세요.

3. 마분지 위에 일회용 그릇을 엎어서 붙여 주세요.

4. 펠트지를 이용해 다트의 구역을 동그란 원으로 만들어 붙여 주세요.

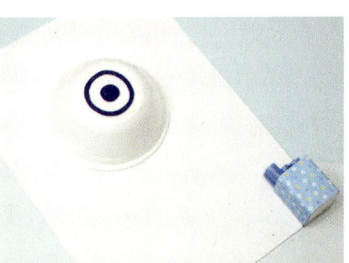

5. 우유갑 윗부분을 잘라 색종이를 붙여 준 후 다트 화살을 보관할 수 있도록 3번 마분지 아래쪽에 붙여 주세요.

6. 달팽이나 다른 모양으로 다트의 주변을 꾸며 주시면 좋아요.

7. 표적과 거리를 조절하면서 다트를 던져 보세요.

지혜

넘쳐나는 장바구니

엄마의 온라인 쇼핑몰 장바구니는 항상 가득 차다 못해 넘쳐난다.
'이거 좋네. 사야지. 어? 저것도 괜찮네. 사야지.' 이렇게 '사야지'하고
온라인 쇼핑몰 장바구니에 이것저것 담아둔다. 하지만 담아 놓기만 하고
결국 결재까지 이어지는 경우는 별로 없다.

　　　아이들 옷도 장바구니에 넣어두지만 사줄 때를 놓치는 경우가 많다.
아이들은 금방 자라기 때문에 내년이나 후년까지 입히려면 자기 사이즈보다
한 두 치수 크게 사줘야 하는데 정작 사서 내년이나 후년까지 입게 되는 경우는 거의
없다. 아이들이 예상보다 더 자라서 내년에 안 맞게 되기도 하고, 유행에 맞지 않아서
안 입게 되는 경우가 대부분이다. 그리고 조금 큰 치수를 입히는 것보다 그 때에
딱 맞는 치수의 옷을 입히는 게 제일 예쁘다. 그런데 장바구니에 담아두고 조금 싸지면
사줘야지, 사이즈를 조금 더 고민해 봐야지 하는 사이에 금방 계절도 바뀌고 아이도
그만큼 자라서 그냥 장바구니에만 담겼다가 때를 놓치게 되는 것이다.
그런데 때에 딱 맞춰야 하는 것은 아이의 옷 뿐 만이 아니다.

　　　아이들의 책도 놀이도 공부도 모두 가장 적절한 때가 있다.
아이가 태어나자마자 대소변을 가리지 못하다가 적절한 때가 되면
혼자 화장실에 갈 수 있게 되는 것처럼 아이들에게는 다 때가 있다.

아이들의 책도 놀이도 공부도 모두 가장 적절한 때가 있다. 아이는 태어나자마자 대소변을 가리지 못하다가 적절한 때가 되면 혼자 화장실에 갈 수 있게 되는 것처럼 아이들에게는 다 때가 있다.

아이들 책을 살 때도 일단 장바구니에 넣어 두고, 조금 더 값이 내려가길 기다리다가 아이가 그 책을 읽을 때를 놓치기도 한다. 값이 내려가길 기다리는 사이에 아이는 크고, 아이는 그 책이 아니라 다른 책을 필요로 하게 되는 것이다. 그러면 아이는 그 책을 보지 못하고 다른 책으로 넘어 가야 한다. **아이들이 읽어야하는 책이 있다면 이자도 붙지 않는 장바구니에 넣어 놓지만 말고 하루라도 빨리 사서 읽게 하는 것이 더 낫다.** 아이들에게 지식이라는 이자가 붙을 수 있도록 말이다.

나도 처음엔 조금 더 싸게 구매하려고 최저가 검색에 가격 비교까지 했다. 그러다보니 인터넷 쇼핑 한 번 하려면 2~3시간은 금방이고 그렇게 긴 시간동안 비교만 하다가 사기도 전에 지쳐서는 그냥 사지 않고 지나가 버리는 경우도 많았다. 몇 차례 같은 경험을 하면서 쇼핑하는데 이렇게 소비하는 시간이 아까운 것이라는 깨달고는 한 두군데만 비교해 보고 바로 사는 편이다. 차라리 가격을 검색하고 비교하는데 쓰는 시간을 아이에게 주어서 아이가 좀 더 빨리 책을 읽을 수 있게 하는 것이다. 필요할 때 필요한 영양소를 빨리 공급해 줄 수 있는 엄마의 역할도 중요하다. 자! 장바구니를 비우자!

물레방아

info

난이도 : ★★★☆☆

재료 : 우유갑, 가위, 테이프, 꼬지용 나무
대상 연령 : 3~7세

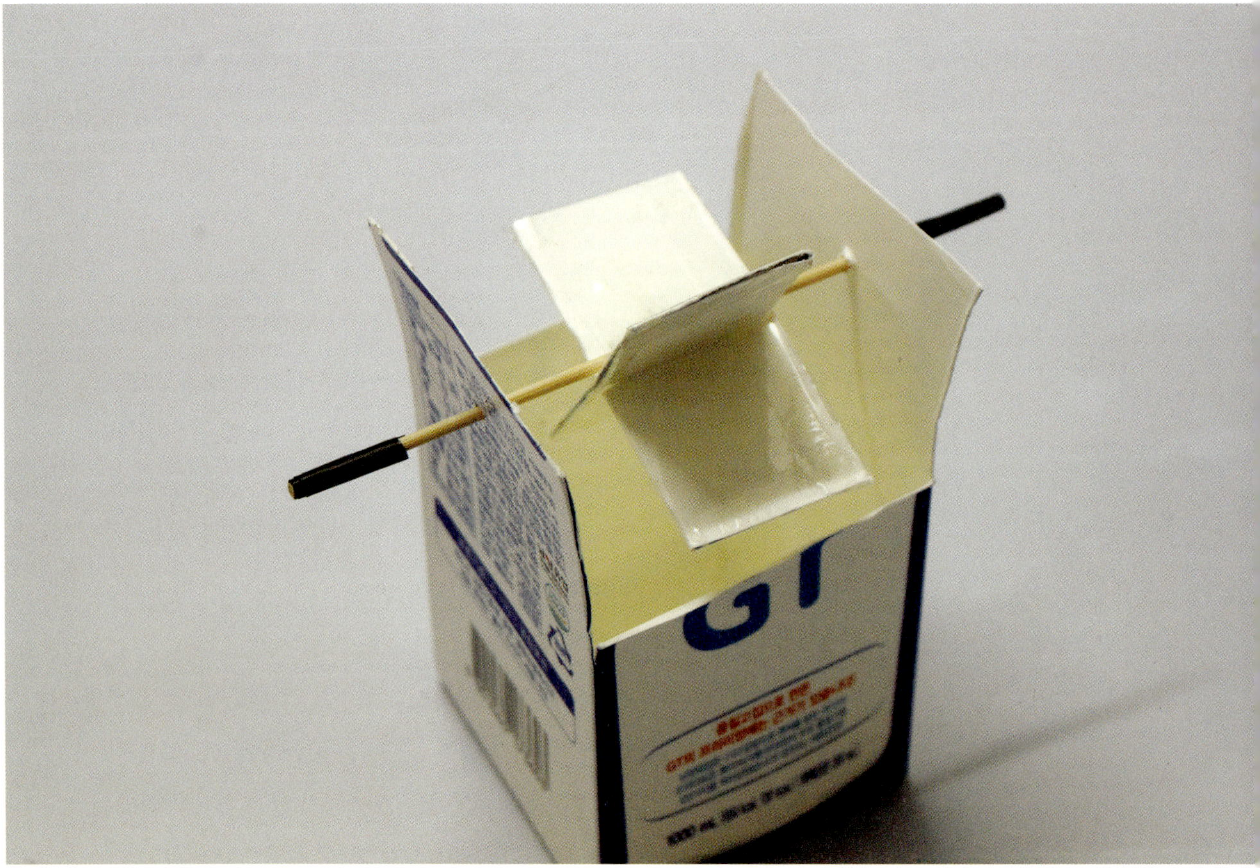

Technology
물이 떨어지면서 위치에너지가 운동에너지로 바뀌는 원리를 알 수 있다.

Mathematics
물이 떨어지는 위치의 높고 낮음의 변화에 따라 물레방아가 돌아가는 속도의 변화를 파악할 수 있다.

how to

1. 1000ml우유갑을 준비합니다.

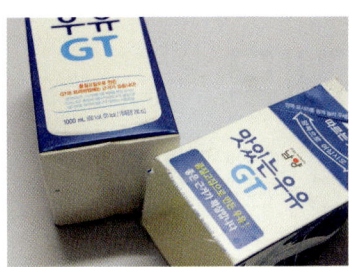
2. 우유갑을 2/3 정도 자릅니다.

3. 위쪽 짧은 부분으로 같은 크기의 직사각형 두 개를 만들어 줍니다.

4. 3의 중심에 칼집을 넣고 날개 하나를 끼웁니다.

5. 꼬지용 나무를 날개 중심에 통과시킵니다.

6. 우유갑 양쪽에 구멍을 뚫어 5번의 날개를 고정시키면 완성!

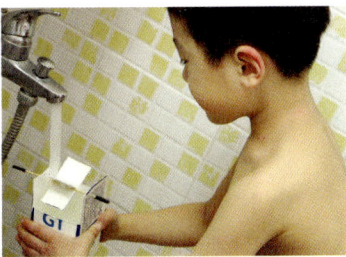
7. 물을 틀어서 물레방아를 돌려 보세요.

레몬 비밀그림

info

난이도 : ★★☆☆☆

재료 : 레몬, A4용지, 면봉, 다리미
대상 연령 : 3~7세

STEAM

Science
레몬액으로 그림을 그린 후 열을 가하면 그린 자리에 검은색으로 글씨가 나타나는 것을 볼 수 있다. 레몬이 다른 물질의 수분을 빼앗는 탈수성에 대해 이해한다.

Art
나중에 볼 수 있는 것을 상상하면서 레몬으로 그림을 꾸밀 수 있다.

how to

1. 레몬을 반으로 자릅니다.

2. 레몬의 맛과 느낌을 이야기 해 봅니다.

3. 레몬을 손으로 짜서 레몬즙을 만들어 봅니다.

4. 면봉에 레몬즙을 충분히 묻혀 줍니다.

5. 종이 위에 그림을 그립니다.

6. 그림을 완성한 후 다리미로 그림에 열을 가해 줍니다.

7. 5분 정도 가열하면 레몬 그림 완성!

풍선 비눗방울

info

난이도 : ★☆☆☆☆

재료 : 빨대, 비눗방울 액, 테이프
대상 연령 : 3~7세

STEAM

Science
비눗방울이 생기는 표면장력(표면적을 적게하려는 성질)에 대해 이해한다.

Engineering
비눗방울을 관찰하면서 입체도형 구(sphere)에 대한 감각을 키운다.

how to

1. 빨대를 준비합니다.

2. 빨대를 동그랗게 구부려 봅니다.

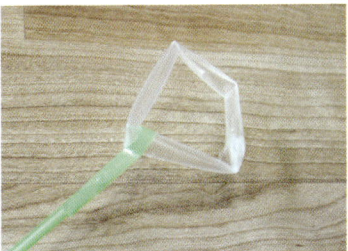

3. 긴 빨대에 동그랗게 만든 빨대를 테이프로 고정시킵니다.

4. 비눗방울 액에 3번에서 만든 빨대를 푹 적셔 줍니다.

5. 입으로 후 불어보거나 입김이 약하면 선풍기를 틀어 비눗방울이 묻은 빨대를 들고 있어보세요.

6. 비눗방울의 크기가 커지면서 다양한 비눗방울이 만들어 진답니다.

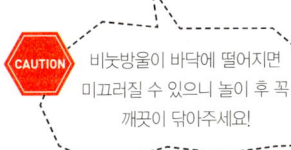

CAUTION 비눗방울이 바닥에 떨어지면 미끄러질 수 있으니 놀이 후 꼭 깨끗이 닦아주세요!

절 제

엄마는 슈퍼우먼이 아니야

아이를 키우다가 힘들 때나, 요즘 범람하는 육아 가족 방송을 보고 있노라면 문득 문득 '나만 아이를 못 키우는 건가?' 하는 생각이 든다. 아이를 키우는 엄마들의 행동 하나하나가 뭔가 달라 보인다. 그렇게 스스로 혼란스러운 생각이 들면 답답한 마음에 인터넷을 열고 다른 사람들의 육아서나 우리 아이 개월 수에 맞는 정보를 찾아보게 된다. 그러면 더더욱 '정말 나만 아이를 못 키우는 건가?' 싶다. 이런 생각에 빠져들면 자신감도 떨어지고 내 자신이 미워진다. 검색만 하면 많은 정보를 얻을 수 있는 정보의 바다에 산다는 것이 편리하기도 하지만 너무 많은 정보 속에 내가 흔들리는 것이다.

육아서에 모든 답이 있을 수 없고 완벽할 수도 없다. 엄마도 사람이기 때문에 실수도 할 수 있는 것이고 뒤늦게 깨닫게 되는 것도 분명히 있을 것이다. 부모가 되기는 쉬워도 부모 노릇은 어렵다는 말이 있다. 육아서에 끼워 맞춰 내 아이의 행동에 대한 답을 찾으려고 하기보다는 내 아이의 행동에 맞추어 내 아이만의 적절한 답을 찾는 것이 더 맞는지도 모르겠다.

속 시원하게 YES 혹은 NO라는 대답을 가르쳐주는 신이 존재하면 얼마나 좋을까? 그런 신이 있다면 정말 나도 물어보고 싶다. 내가 지금 잘 하고 있는 건지! 하지만 아이를 키우는 것은 단답형이나 사지선다형 문제처럼 정확한 답을 내릴 수 있는 것이 아니다.

모든 답은 결국 엄마의 마음에 달려있다. 육아서도 인터넷의 정보에도 의존하지 말자. 참고만 조금 하자. 육아는 상대 평가처럼 등수를 매길 수 있는 것이 아니고 절대 평가임을 기억하자. 따라서 내 기준을 세우고 그에 맞춰 노력하자.

아이를 키우는 일에 대해 목표를 크게 세울 수는 있다. 하지만 목표가 너무 높다면 그만큼 더 높이 날아올라야 한다. 그러면 엄마가 부담해야 할 노력도 더 커질 수밖에 없다. 그리고 엄마가 가지는 부담은 욕심이 되어 아이의 어깨까지 짓누를 수 있다.
나에게 맞는 목표를 세우고, 혹시 아직 남아 있는 부담이 있다면 가벼운 것부터 하나씩 차근차근 옮겨보자.

엄마가 되면서 당연하게 '슈퍼우먼'이 되는 것은 아니다. '슈퍼우먼'이 되기 위한 노력을 해야 한다. 그리고 그 노력 가운데 엄마가 쉴 수 있는 공간도 남겨 두어야 한다. 엄마는 '슈퍼우먼'이 아니라 '슈퍼우먼'이 되기 위해 노력하는 사람이기에.

육아는 상대평가처럼
등수를 매길 수 있는 것이
아니라 절대평가임을
기억하자.
내 기준을 세우고
그에 맞춰 노력하자.

휴지야구 슛!

info

난이도 : ★☆☆☆☆

재료 : 펠트지, 찍찍이, 우유갑, 박스 혹은 하드보드지, 글루건, 가위, 장식 재료

대상 연령 : 3~7세

STEAM

Engineering
쌓아 놓은 휴지를 방망이로 위에서 부터 하나씩 휘둘러보며 근력 및 집중력을 키울 수 있는 놀이가 된다.

Mathematics
가족 구성원의 키에 맞게 휴지를 쌓아 보면서 필요한 휴지의 개수를 비교해 본다.

how to

1. 두루마리 휴지를 쌓아 주세요.

2. 차곡차곡 많이 쌓을 수 있도록 천천히 세워 주세요.

3. 신문지를 돌돌돌 말아서 세워놓은 휴지 맨 윗부분부터 하나씩 맞춰보세요.

4. 한 명은 방망이로 휴지를 치고 한 명은 날아오는 휴지를 잡아보세요.

5. 아이들이 힘조절이 힘들면 같이 방망이를 잡고 연습해 보세요.

6. 휴지가 무너졌으면 다시 쓰러지지않도록 쌓아 보기도 하면서 간단하게 놀 수 있어요.

망치놀이

info
난이도 : ★★☆☆☆

재료 : 휴지심, 박스 혹은 하드보드지, 테이프, 가위, 우유갑, 포장지
대상 연령 : 3~5세

STEAM

Engineering
망치 머리가 못의 머리에 닿는 충격량(힘과 시간의 함수)에 대해 이해한다.

Mathematics
구멍에 종이 못을 끼워보면서 입체도형에 대한 양감과 공간 지각력을 키운다.

how to

1. 휴지심을 준비해 주세요.

2. 가위로 휴지심 끝쪽을 조금만 잘라 주세요.

3. 잘려진 부분을 연결해서 테이프로 고정시켜 주세요.

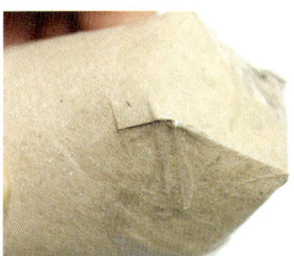

4. 뾰족하게 테이프로 마무리해 주세요.

5. 박스로 휴지심 구멍보다 좀더 크게 둥근 원모양을 잘라 붙여주세요.

6. 우유갑에 휴지심 못이 들어갈 구멍을 그린 후 구멍을 내 주세요.

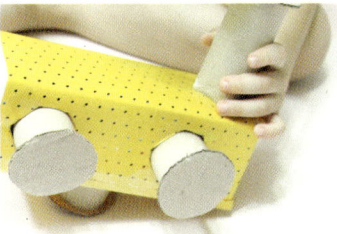

7. 포장지로 6의 재료에 감싸주고 구멍을 뚫어 완성한 후 아이들과 함께 활용해 보세요.

참을성

엄마의 스트레스

엄마도 사람이기 때문에 힘들고 지쳐서 숨 쉴 구멍을 찾고 싶거나, 울고 싶을 때가 있다. 이럴 때 엄마만의 스트레스 해소 방법은 뭐가 있을까?

예전에 한 토크쇼에서 배우 김희애 씨는 스트레스가 쌓일 때 옷장을 열고 혼자 큰소리로 이야기하면 속이 풀린다고 했다. 어떤 사람은 먹기도 하고, 어떤 사람은 쇼핑을 하기도 하고 혹은 여행을 가기도 한다고 한다. 아는 교수님은 그냥 호텔에서 하루를 혼자 조용히 보낸다고 한다. 이렇게 사람마다 스트레스 받는 양도 다르고 스트레스 해소 방법도 분명히 다르다.

예전에 나는 맛있는 음식점을 찾아가기도 하고, 쇼핑을 하기도 했다. 일단 집을 떠나서 자유롭고 싶은 마음이었던 것 같다. 하지만 지금의 나는 조금 색다른 스트레스 해소법을 가지고 있다. 대형 도매 문구점을 찾아가는 것이다. 쇼핑의 일종이긴 하지만 단지 구경하고 사는데 그치는 것이 아니라 문구점에 있는 다양한 재료들을 보면 만들고 싶은 교구들이 아른거린다. 그리고 실제로 그 교구를 만들다 보면 스트레스를 받았다는 것도 잊어버리고 교구 만들기에만 집중하게 된다. 잘 만들어서가 아니라 그냥 내가 집중할 수 있는 시간이 좋은 것 같다. 이 방법은 내 스트레스 해소에도 좋고,

아이들의 교구도 생기게 되는 일석이조의 효과를 가지고 있다.

하지만 교구를 만든다고 스트레스가 다 해소되는 것은 아니다. 너무 쌓이고 쌓이다보면 어느 순간 감정 조절을 못하고 폭발해 버리기도 한다.

"엄마 힘들어!!"

갑자기 아이들 앞에서 소리치며 울어버린 적이 있다. 처음 보는 엄마의 모습에 아이들은 놀라서 한참을 가만히 있었다. 마음을 가다듬고 아이들에게 엄마가 왜 힘든지 말해 주었다.

"엄마가 몇 번씩이나 주의를 주고 이야기를 했는데 말도 안 듣고. 그래서 엄마가 힘들어."

아이들에게 잘 설명해 주긴 했지만 먼저 화를 내버린 것이 못내 미안했다. 내가 마음을 가다듬고 '나 전달법'으로 부드럽게 아이들에게 말했어야 하는데 내 마음이 격해진 나머지 화산처럼 폭발해 버린 것이 참으로 미안했다.

엄마의 감정 조절은 참 힘들다. 육아서에 나오는 천사 엄마는 어디 있을까? 나도 책 속에 나오는 것처럼 천사 엄마가 되고 싶지만 쉽지 않다. 조금씩 몰아치는 감정을 조절하기 위해 노력할 뿐이다. 사람마다 스트레스를 받는 기준도 다르고 스트레스를 푸는 방법도 다르다. 중요한 것은 나만의 스트레스 해소법을 빨리 찾는 것이다. 이것이야 말로 육아를 더 잘 풀어나가는 실마리가 될 수 있지 않을까 싶다.

종이컵 기차

info

난이도 : ★☆☆☆☆

재료 : 종이컵, 끈, 색연필
대상 연령 : 2~3세

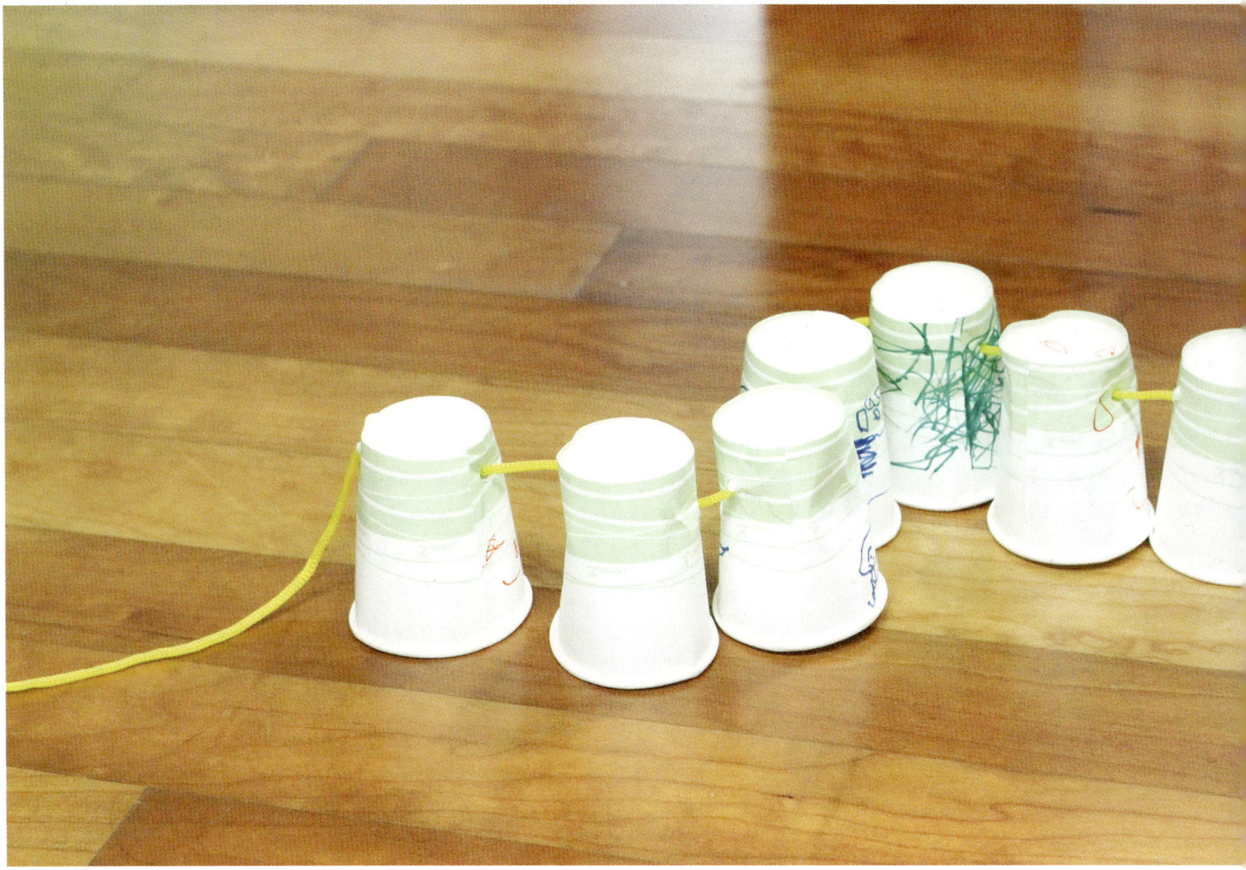

Science
물체를 옮겨 보면서 마찰력에 대해 이해한다.

Technology
종이컵을 쌓아 보면서 올라 갈수록 필요한 종이컵의 개수가 줄어드는 규칙을 찾아본다. 이 활동을 통해서 수학적 사고력과 문제해결력을 기른다.

how to

1. 종이컵을 하나씩 쌓아 보세요.

2. 쌓는 방법은 다양하기 때문에 더 많이 쌓을 수 있는 방법을 찾을 수 있도록 지켜봐 주세요.

3. 종이컵에 그림을 그려 주세요.

4. 종이컵 밑쪽 부분에 양쪽으로 구멍을 뚫어 주세요.

5. 종이컵의 구멍들을 연결해 이어주세요.

6. 끈에 연결된 종이컵을 당기며 칙칙 폭폭 기차놀이를 즐겨주세요.

양말농구

info

난이도 : ★☆☆☆☆

재료 : 일회용 접시, 칼, 양말
대상 연령 : 2~3세

STEAM

Technology
양말을 던지면서 힘의 세기와 힘의 작용과 물체의 움직임을 알 수 있다.

Mathematics
양말을 던져 성공하는 수를 세어 보는 게임을 하면서 비(ratio)와 확률(probability)의 개념을 학습한다.

how to

1. 일회용 접시를 준비해 주세요.

2. 일회용 접시 중앙부분을 동그랗게 칼로 잘라주세요.

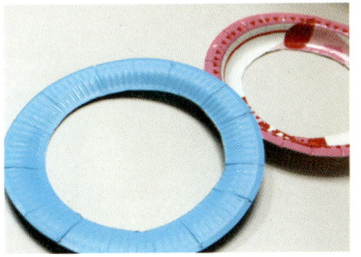

3. 구멍의 크기를 달리하여 몇개 더 만들어 주세요.

4. 책장이나 책상에 위치를 잡은 후 고정시켜 주세요.

5. 양말을 접어서 말아 주세요.

6. 5와 같이 양말 농구공을 여러개 만들어 주세요.

7. 양말 농구공 슛~ 골대를 점점 작게하여 도전해 보세요.

CHAPTER 2
생각을 펼쳐라

열정

또, 공룡책이야?

아이들이 선호하는 것이 생기고, 그러다가 무언가에 꽂히게 되면
그것에 대한 열정은 정말이지 대단하다.
"엄마, 공룡 책 사 주세요."
"엄마, 공룡 퍼즐 사 주세요."
"엄마, 공룡 공책 사 주세요."
그놈의 공룡, 공룡, 공룡... 게다가 내가 보기엔 같은
공룡 책도 출판사가 다르면 다른 책이라며 또 사달라고 한다.

"엄마, 이 책 사 주세요. 우리집에 없는 책이에요."
"집에 있는 책이랑 비슷한 거 같은데?"
"아니에요. 집에 있는 책에는 없는 공룡이 더 많아요.
책도 더 두껍구요. 사 주세요."

장난감이나 게임기라면 사주지 않겠지만, 책을 사달라고 하니
안 사 줄 수가 없다. 아무리 집에 있는 책과 비슷해 보이는 공룡 책이라고
해도 말이다. 썩 내키지는 않지만 한 권을 골라보라고 하니 아이들은
눈을 반짝이며 마음에 드는 책을 고르기 시작한다.
내 눈에는 모두 비슷해 보이지만 아이들은 신중하게 마음에 드는
책을 고른다. 그리고 신중하게 고른 책은 나머지 장을 보는 동안

겨드랑이에 꼭 끼고 계산할 때까지 손에서 놓지 않는다. 아이에게는 책에서 손을 떼고 있는 시간이 너무 아깝고, 그 책이 정말 너무나 소중한가 보다.

집에 오자마자 아이는 새로 산 공룡 책에 깊이 빠져들었다. 그리고 이따금 전에 사둔 다른 공룡책과 과학책을 꺼내서 비교해가며 읽기도 했다. 내가 비슷하다고 생각했던 그 책이었다. 스스로 연계하여 책읽기까지 하는 아이의 모습을 보면서 많은 생각이 들었다.

오늘 아이가 산 공룡 책은 엄마의 기준에서 보면 이미 가지고 있던 것과 똑같은 공룡 책이지만, 아이에게는 기존의 책과 다른 새로운 책이었던 것이다. 그리고 그 새로움은 아이에게 지적 자극을 주었고 스스로 연계하여 책 읽는 방법까지 터득할 수 있게 하였다.
생각이 여기까지 미치자. '다행이다.'라는 생각이 뇌리를 스쳤다.

'아이의 열정을 무시하지 않아서 너무 다행이다.'

아이들이 발전하기 위해서는 다양한 기회를 접할 수 있게 도와주고, 아이의 열정에 무한한 믿음을 주는 것이 중요하다는 것을 느끼게 된 하루였다. 아이들이 스스로 무언가를 결정하지 못하고, 학교나 집에서 감싸주기만 하는 환경에서는 아이가 좋아하는 것을 찾기 어렵다. 아이가 눈을 반짝이며 호감을 보이고, 열정을 불태우려고 하는 그 순간. 그 기회의 순간을 놓치지 않았으면 한다.
아이들이 스스로 자신이 좋아하는 것을 알고 자기 자신에 대해 알아가는 첫 번째 단계이기 때문이다.

오늘 아이가 산 공룡책은 엄마의 기준에서 보면 이미 가지고 있던 것과 똑같은 공룡 책이지만, 아이에게는 기존의 책과 다른 새로운 책이었던 것이다.

공 던지기

info

난이도 : ★★☆☆☆

재료 : 과일 포장지, 과일 박스, 솜, 글루건, 종이, 펜
대상 연령 : 3~8세

STEAM

Science
과일 포장지 공을 던질 때의 속도와 높이 등을 느껴 볼 수 있도록 한다. 다른 무게와 성질이 다른 공들과 비교를 통해 그 속성을 이해할 수 있다.

Mathematics
공을 던져서 골인되는 점수판의 수의 셈을 통해 연산 능력을 키우고 확률의 개념을 이해한다.

how to

1. 과일 포장지와 과일 박스를 준비해 주세요.
2. 과일 포장지에 솜을 넣어줍니다.

3. 다른 한개의 과일 포장지를 감싸서 글루건으로 약하게 붙여 줍니다.
4. 글루건의 열로 녹을 수 있으니 약간씩만 붙여 주세요.

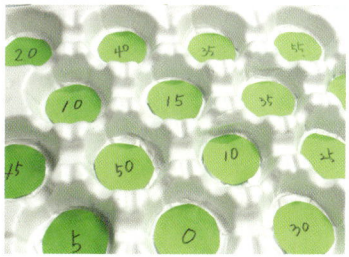

5. 종이를 동그랗게 오려서 숫자를 적어줍니다.
6. 5번의 종이를 과일 박스 안에 붙여 주세요.

7. 공을 던져서 아이들이 점수를 확인하게 해 주세요.
8. 과일 상자 중간중간에 간식을 넣어 간식도 먹을 수 있도록 재미를 유도해 주세요.

색종이 팔찌

info
난이도 : ★★★☆☆

재료 : 색종이, 스티커, 까슬이, 가위
대상 연령 : 2~5세

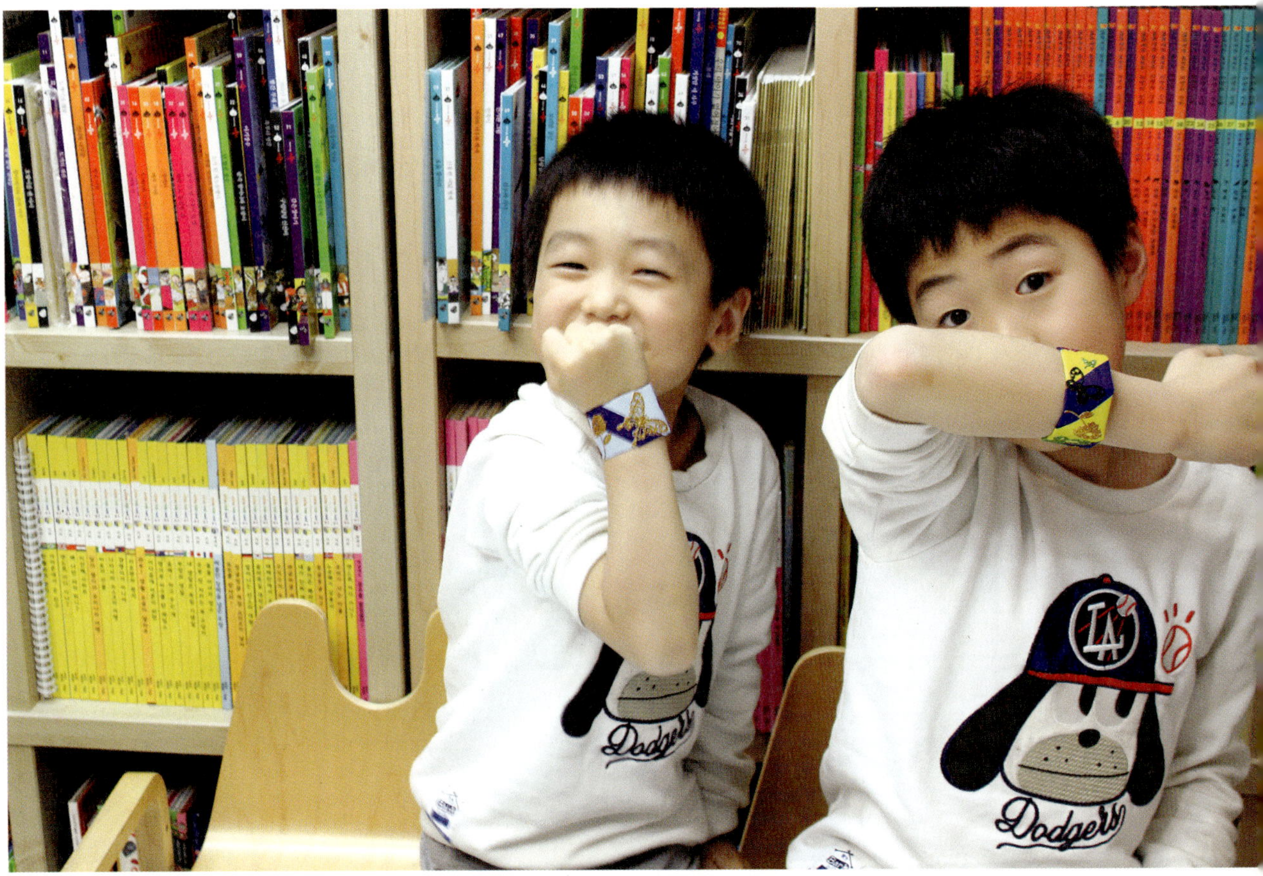

Technology
까슬이를 이용해 뜯고 붙이면서 재료의 편리성과 원리를 알 수 있다.

Art
패턴이 있는 색종이 접기 활동을 통해서 규칙성과 문제해결력을 키운다.

how to

1. 스티커를 준비해 주세요.

2. 색종이를 세모모양으로 접는 데 반보다 약간 작게 접어 줍니다.

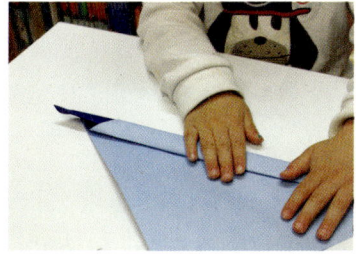

3. 뒤집어서 손가락 한마디씩 돌돌 말아 접어 주세요.

4. 테이프를 이용하여 마무리 부분을 고정해 주세요.

5. 아이의 팔목에 맞게 길이를 잘라 줍니다.

6. 끝부분에 까슬이를 붙여 주세요.

7. 아이들이 원하는 대로 스티커로 꾸밀 수 있도록 해 주세요.

관찰력

엄마 현미경

엄마에게는 아이를 관찰할 수 있는 '엄마 현미경'이 필요하다. 학창 시절에 했던 현미경 관찰은 재미있고 신기하기만 했는데, 지금 하는 '엄마 현미경' 관찰은 너무 어렵다. 아이의 특성을 발견할 수 있는 '엄마 현미경'이 발휘되는 것은 정말 찰나의 순간이기 때문이다.

아이가 길을 걷다가 주저앉아 땅을 보고 있을 때 어떤 엄마는 아이의 손을 끌어서 일으키고, 어떤 엄마는 아이와 같은 곳을 바라볼 것이다. 나도 처음에는 전자와 같이 아이의 손을 잡아 일으키는 엄마였다. 하지만 아이가 같은 행동을 반복하자 아이의 시선을 따라가 보게 되었다. 아이는 땅 위에 기어가던 개미를 관찰하고 있었다. 집에서 책으로만 보던 개미를 직접 눈으로 관찰하며 스스로 생활 속 탐색 놀이를 하고 있었던 것이다. 그리고 아이는 집에 가자마자 다시 그 책을 꺼내 읽어보았다. 내가 아이를 관찰하며 아이에게 필요한 시간을 주면서 이렇게 아이의 학습이 이루어진 것이다.

아이가 6살 때 유치원에서 한자를 처음 배우기 시작했다. 유치원에서 전달해주는 소식을 통해 알고 있었기 때문에 그저 한자를 배우고 있다고만 생각하고 있었다. 그런데 어느 날 아이가 아파트 현관 자동문에 써있는 '自動門'이라는 글자를 보면서 "스스로 자(自),

움직일 동(動), 문 문(門), 스스로 움직이는 문이라서 자동문이구나." 라고 혼잣말을 하는 것이 아닌가? 이것은 아이가 똑똑해서가 아니라 아이라면 누구나 자기가 알고 있는 것을 스스럼없이 말하며 자랑하고 싶어 하기 때문이다. 아이가 뽐내고 싶어 하는 것을 알아채고 바로 칭찬해주었다. 그러면서 아이가 한자를 풀어서 해석하고 이해하는데 관심이 있다는 것을 알게된 마당에 그냥 지나치면 안 되겠다는 생각이 들었다. '엄마 현미경' 관찰을 통해 발견한 아이의 특성을 놓치지 않고 엄마표 한자카드를 만들어서 놀게 해 주었다. 퀴즈를 내면 한자 카드를 밟고, 뒤집고 그냥 같이 놀았다. 아이는 스스로 재미있게 한자를 하나씩 익혀갔다.

학습지를 하면 매일 규칙적으로 정해진 분량만큼 하게 된다. 엄마와 함께 시작하더라도 학습지는 결국 놀이가 아니라 엄격한 학습이 되어버리고 만다. 주체할 수 없는 만큼 에너지가 넘치는 어린 아이들에게 매일 똑같이 반복되는 학습지는 지겨울 수밖에 없다. 어른인 나도 싫을 것 같은데 하물며 어린아이야 오죽하겠는가?

아직 많은 부모가 책상에 앉아서 문제집 몇 장을 풀어야 공부한다고 생각한다. 초등학교에 들어가면 적어도 고등학교 때까지 지겹게 책상에 앉아 공부할 텐데 벌써부터 책상 공부에 얽매이게 할 필요는 없다. 아이의 성향에 따라 알맞은 자극을 주기만 하면 된다. 활동량이 많은 아이는 뛰어 놀게 하면서, 과학을 좋아하면 재미있는 과학 실험 놀이를 하면서 아이에게 흥미로운 자극을 주는 것이다. 아이들 마음을 살짝만 자극해주면 아이들은 더 많은 잠재력을 발산할 수 있다. 주의깊게 바라보면 아이의 숨어있는 무한한 잠재력을 찾아낼 수 있다. 어렵지만 그래서 '엄마 현미경'을 늘 지니고 관찰하는 엄마의 노력이 필요하다.

주체할 수 없는 만큼 에너지가 넘치는 어린 아이들에게 매일 똑같이 반복되는 학습지는 지겨울 수밖에 없다.

간이 분수대

info

난이도 : ★★☆☆☆

재료 : 유리병, 물, 빨대, 찰흙, 가위
대상 연령 : 5~8세

STEAM

Technology
실험을 통해 분수대의 원리를 이해할 수 있다.

Mathematics
빨대의 길이를 재어보면서 길이 재기와 길이에 대한 양감을 키운다.

how to

1. 유리병을 준비합니다.

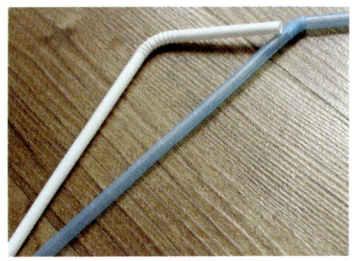

2. ㄱ자로 접히는 빨대 두 개를 준비합니다.

3. 병에 물을 담고 찰흙으로 구멍을 막아 주세요.

4. 입구를 막은 찰흙에 구멍을 두 개 뚫어 주세요.

5. 4번에 뚫은 구멍에 빨대를 하나는 길게 하나는 짧게 꽂아 주세요.

6. 간이 분수대 완성!

7. 빨대 한 쪽을 불면 나머지 빨대에서 물이 흘러 나오는 것을 관찰할 수 있어요.

풍선보트

info

난이도 : ★☆☆☆☆

재료 : 풍선, 우유갑, 가위
대상 연령 : 4~8세

STEAM

Science
공기가 차있던 풍선에 공기가 빠지면서 배가 앞으로 전진하는 모습을 보면서 운동에너지에 대해 이해할 수 있다.

Mathematics
직육면체와 구의 부피 차이를 비교함으로써 입체도형에 대한 이해를 키우고 수학적 양감을 키운다.

how to

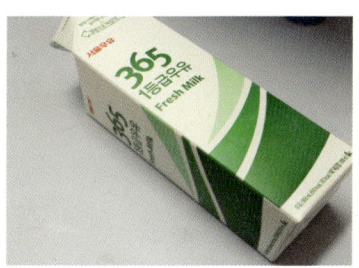
1. 우유갑을 깨끗이 씻어 준비해 주세요.

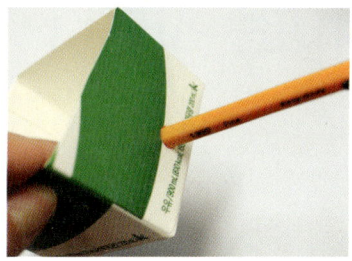
2. 가위로 우유갑 밑부분을 자르고 볼펜 대 만한 구멍을 한쪽에 내 주세요.

3. 풍선의 입구쪽을 밖으로 나오게 하고 구멍에 끼워 주세요.

4. 풍선을 불어서 크기가 어느정도 커지면 풍선의 입구를 손으로 꼭 쥐고 있어야 해요.

5. 물을 받아 놓은 통에 풍선 보트를 넣고 잡고 있던 풍선의 입구를 놓아 주세요.

6. 풍선이 작아지면서 풍선배가 움직이는 것을 관찰할 수 있어요.

사고력

아이는 자란다

큰아이 생일은 6월 5일이다. 아이와 생일에 대해서 이야기 하는 중에 큰아이가 다급하게 말했다.

"엄마! 내 생일을 6월 6일로 미뤄서 하면 안 돼!"

마음이 뜨끔했다. 올해 아이 생일인 6월 5일 금요일에 남편이 회식으로 늦게 퇴근 할 예정이어서 당일에 생일 파티는 어려울 것 같았다. 그래서 다음 날인 6월 6일 토요일에 생일을 핑계 삼아 검사겸사 가까운 곳으로 여행을 가는 게 어떨까라고 생각하고 있었기 때문이다.

아이들은 어린이 날, 크리스마스 날 그리고 생일을 손꼽아 기다린다. 이 세 가지 날이 아이들만의 3대 명절인 셈 이다.

'하루 늦게 하면 서운해 하는구나.'

아이에게 엄마가 이미 그렇게 생각하고 있었다는 것을 들키고 싶지는 않았다. 엄마의 생각을 들키기 전에 아이가 왜 생일을 하루 늦게 하는 게 싫은지 알고 싶었다. 고작 하루 차이인데 말이다.

"하루 차이인데 왜 안 되는 거야?"
"6월 6일은 현충일이잖아!"
"그게 왜?"
"현충일은 나라를 위해서 목숨을 바친 분들을 위해서 기도하는 날인데 내 생일이라고 축하하면 안 되잖아!"

아이의 의젓한 대답에 순간 얼음이 되며 얼굴이 홍당무처럼 빨갛게 달아오르는 느낌이 들었다.

엄마에게는 마냥 옹알이하던 갓난 아이이고 엄마의 보호가 필요한 아이라고 생각했는데... 아이의 생각은 어느 새 키보다 한 뼘 더 자라서 성숙해져 있었다. 아이는 신체만 자라는 게 아니라 생각도 같이 자란다는 걸 뒤늦게 알았다.

신문지 미로

info

난이도 : ★☆☆☆☆

재료 : 신문지, 봉지, 간식, 테이프
대상 연령 : 5~8세

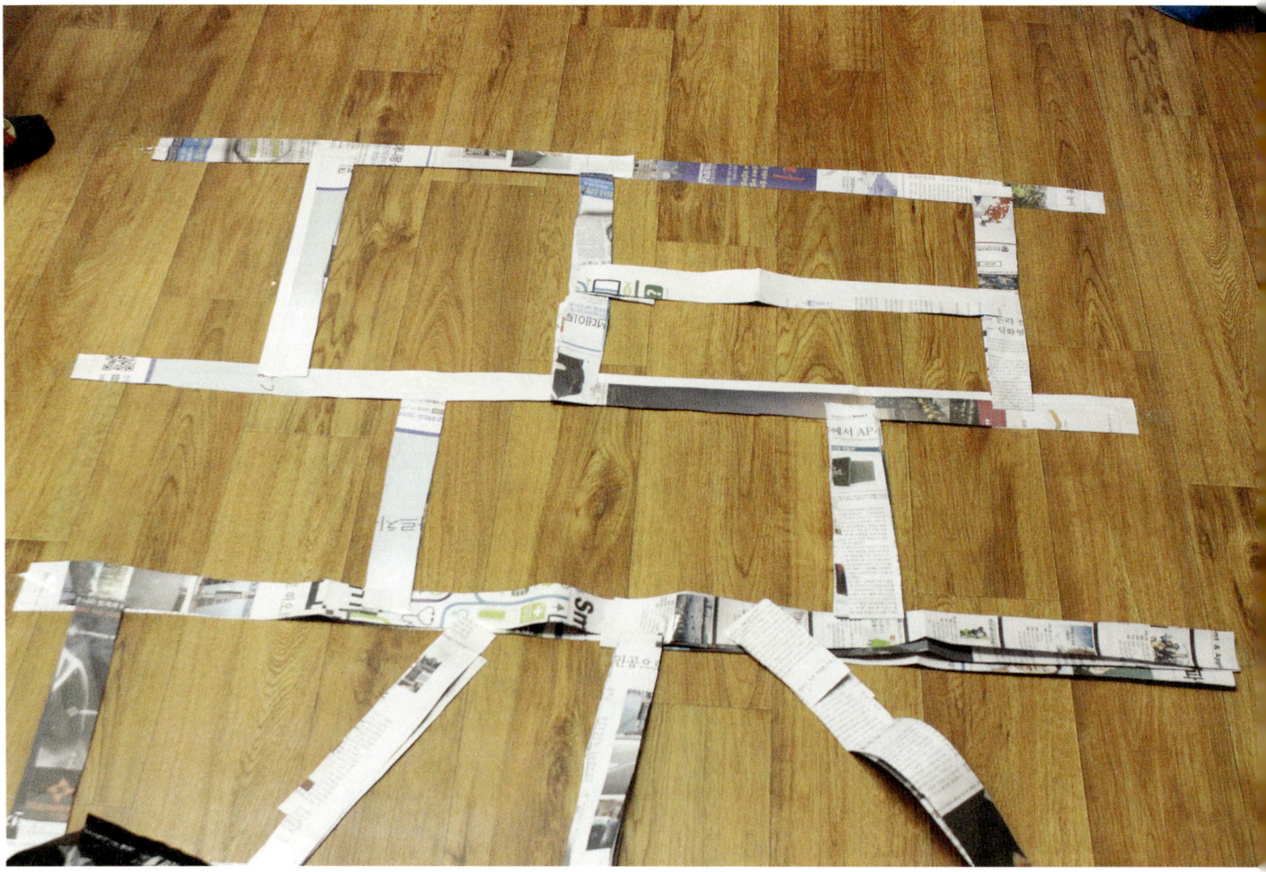

Mathematics

신문지를 활용하여 미로의 패턴을 규칙성 있게 만들어봄으로써 패턴에 대한 감각과 문제해결력을 키운다.

how to

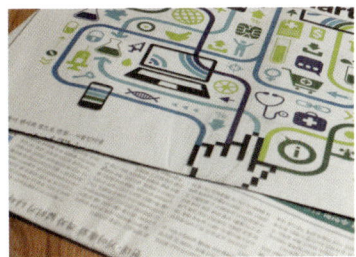
1. 신문지를 준비해 주세요.

2. 신문지를 굵게 잘라 주세요.

3. 신문지를 연결해서 테이프로 붙여 주세요.

4. 길게 붙인 후 미로처럼 배열을 해 주세요.

5. 검은봉투에 아이들 간식을 넣어 주세요.

6. 검은봉투에 넣은 간식은 미로 끝에 놓아 주세요.

7. 직접 미로를 빠져나가 봅니다.

8. 미로도 탈출하고 간식도 획득하는 즐거움을 느끼게 해 주세요.

시장놀이

info

난이도 : ★★★☆☆

재료 : 종이돈, 박스, 포장지, 과자, 펜, 종이, 저울
대상 연령 : 6~8세

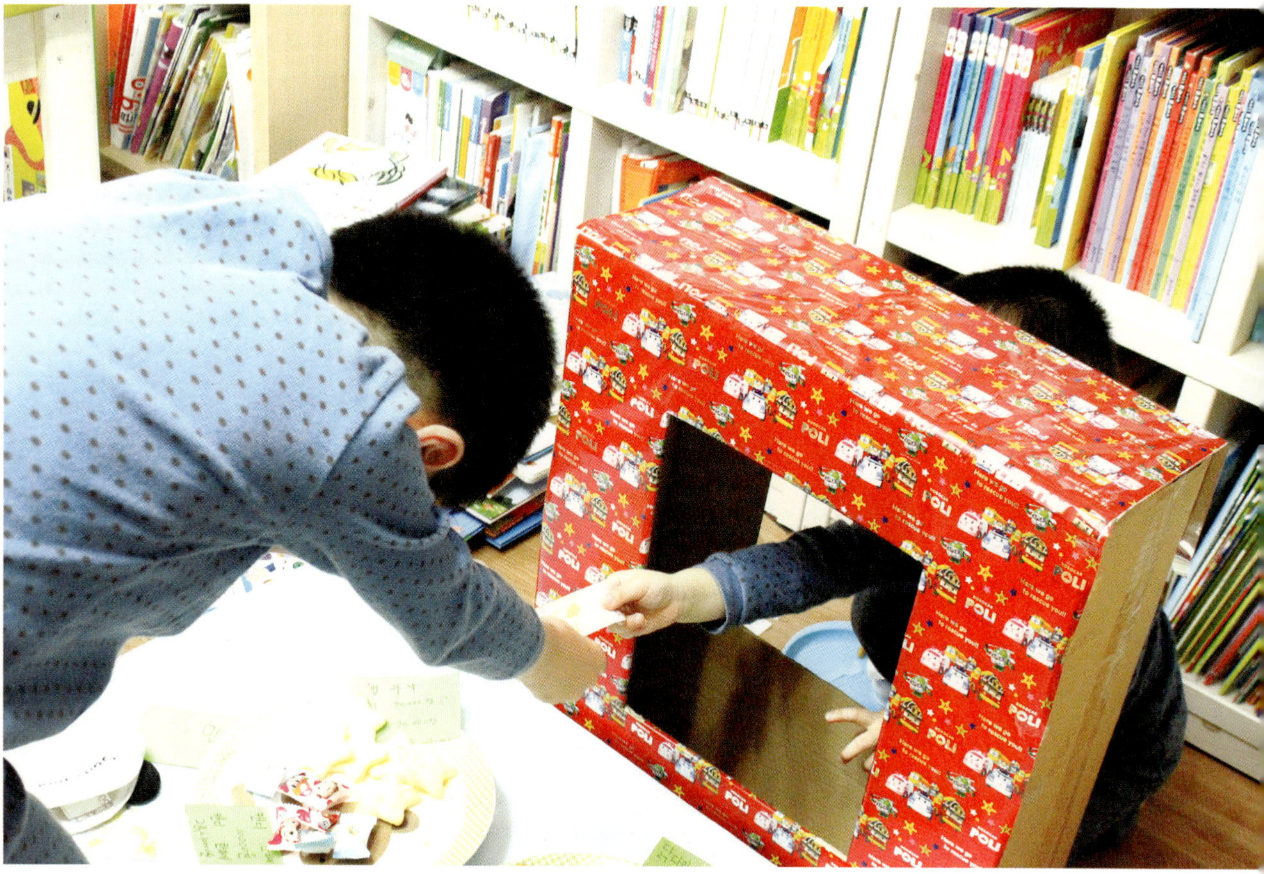

Mathematics

시장놀이를 통해 경제관념 및 연산을 할 수 있다. 무게를 달아 보면서 무게의 양감을 키울 수 있다.

how to

1. 종이돈을 준비해 주세요.

2. 박스를 이용해 시장 놀이 입구를 만들어 주세요.

3. 아이들이 직접 간식 가격을 정해 보도록 해 보세요.

4. 종이에 펜으로 가격표를 적게 해 보세요.

5. 함께 팔 상품을 진열해 봅니다.

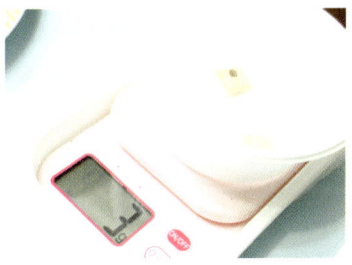
6. 팔 물건을 저울에 달아 무게를 익혀보고 돈을 주고 받기도 해 보세요.

7. 아이들이 즐길 수 있도록 엄마가 손님 역할을 하며 재미를 유도해 주세요.

전단지 빙고

info
난이도 : ★☆☆☆☆

재료 : 스케치북, 펜, 마트 전단지, 풀
대상 연령 : 5~8세

STEAM — **Mathematics**
빙고 놀이를 통해 대각선과 가로, 세로의 방향 개념을 알 수 있다.

how to

1. 스케치북 위에 정사각형모양으로 바둑판을 그려 줍니다.

2. 마트 전단지를 준비해 주세요.

3. 다양한 상품을 가위로 자릅니다.

4. 자른 상품을 1번의 바둑판 안에 붙여 주세요.

5. 한 칸에 하나씩 붙여 게임을 할 인원 수 만큼 완성합니다.

6. 원하는 상품을 하나씩 부르면서 각각 지워 나가도록 합니다.

7. 가로, 세로, 대각선이 완성되면 '빙고'라고 외치세요!

참과 거짓

아이 마음속의
순수한 진실

아이들과 시내에 있는 서점에 갔다가 나오는데 아이들이 배가 고픈지
"엄마! 피자빵 사 주세요 피자 말고 피자빵이요."
"우리 빵집을 찾아볼까? 눈 크게 뜨고 찾아보자. 어디에 있을까?"
첫째와 둘째는 주위를 두리번 거리며 빵집을 찾기 시작했다.
곧 아이가 소리쳤다.
"엄마! 또봇 빵집이에요."
"또봇 빵집이 뭐야?"
궁금증을 품고 아이와 함께 빵집에 들어서니 아이가 케이크가 있는
냉장 쇼케이스를 손으로 가리키며 대답해 주었다.
"저거요. 또봇 케이크예요."

요즘은 빵집마다 또봇 케이크, 라바 케이크, 뽀로로 케이크,
겨울왕국 케이크, 타요 케이크 등 일반 케이크 위에 아이들이 좋아하는
장난감을 꽂아서 아이들의 마음을 빼앗는 상품이 많다. 아이들이 또봇
케이크에 흥미를 가지고 있다는 것은 짐작할 수 있었지만 원하는 걸
다 사줄 수는 없는 노릇. 짐짓 아무렇지 않은 체하며 아이들의 관심을
처음의 피자빵으로 돌려야 했다.

"우와 또봇 케이크도 있고 멋지네. 자, 근데 피자빵이 어디 있지?"

먹고 싶다던 피자빵을 담으려고 하니 아이들이 얼른 집게와 쟁반을 들고 와서 직접 빵을 담기 시작했다. 아직 작은 손에 비해 집게가 너무 컸지만 아이는 빵을 떨어뜨리지 않으려고 집게를 꼭 쥐고 집중해서 빵을 옮겨 담기 시작했다. 나는 옆에서 아이가 실수 하지 않도록 호응해 주었다.

"떨어지지 않게 조심해! 힘을 꽉 주자!! 잘하네~"
이 모습을 지켜 본 빵집 주인아저씨는 계산대 앞에서 아이에게 한 마디 건내셨다.
"엄마 말도 잘 듣고. 아저씨가 선물 줘야겠네. 자~ 또봇이다!"
아저씨는 또봇 케이크 위에 있는 장난감을 아이에게 주셨다. 이 모습을 뒤에서 지켜보며 아이들이 뛸 듯이 기뻐할 줄 알았는데…
"아니요. 괜찮아요!"

나는 아이들이 왜 장난감을 거절했는지 궁금해서 빵집을 나오자마자 아이들에게 물어 보았다. "또봇 케이크를 그렇게 좋아하면서 왜 아저씨가 주신 장난감 안 받는다고 한 거야?"
"엄마! 장난감은 금방 부러져서 싫어요. 우리는 책이 좋아요!"

아이들은 거짓말을 못한다. **아이의 마음속에는 순수한 진실이 숨어 있다.** 그리고 이 순수한 마음에 옳고 그름을 판단할 수 있는 사고 능력이 더해진다면 아이는 이미 참과 거짓을 구별할 수 있는 사람이 된 것이다. 참과 거짓을 잘못 판단한다면 세상은 바르게 돌아갈 수 없다. 이전까지 엄마가 아이 대신 판단하고 행동하게 해 주었다면 이때부터는 한 걸음 뒤에 서서 아이가 스스로 판단하고 행동할 수 있도록 믿음과 지지를 보내주는 것이 더 중요할 것이다.

스토리텔링 분류놀이

info

난이도 : ★★☆☆☆

재료 : 동그란 빵, 교구, 빵 칼, 접시
대상 연령 : 4~8세

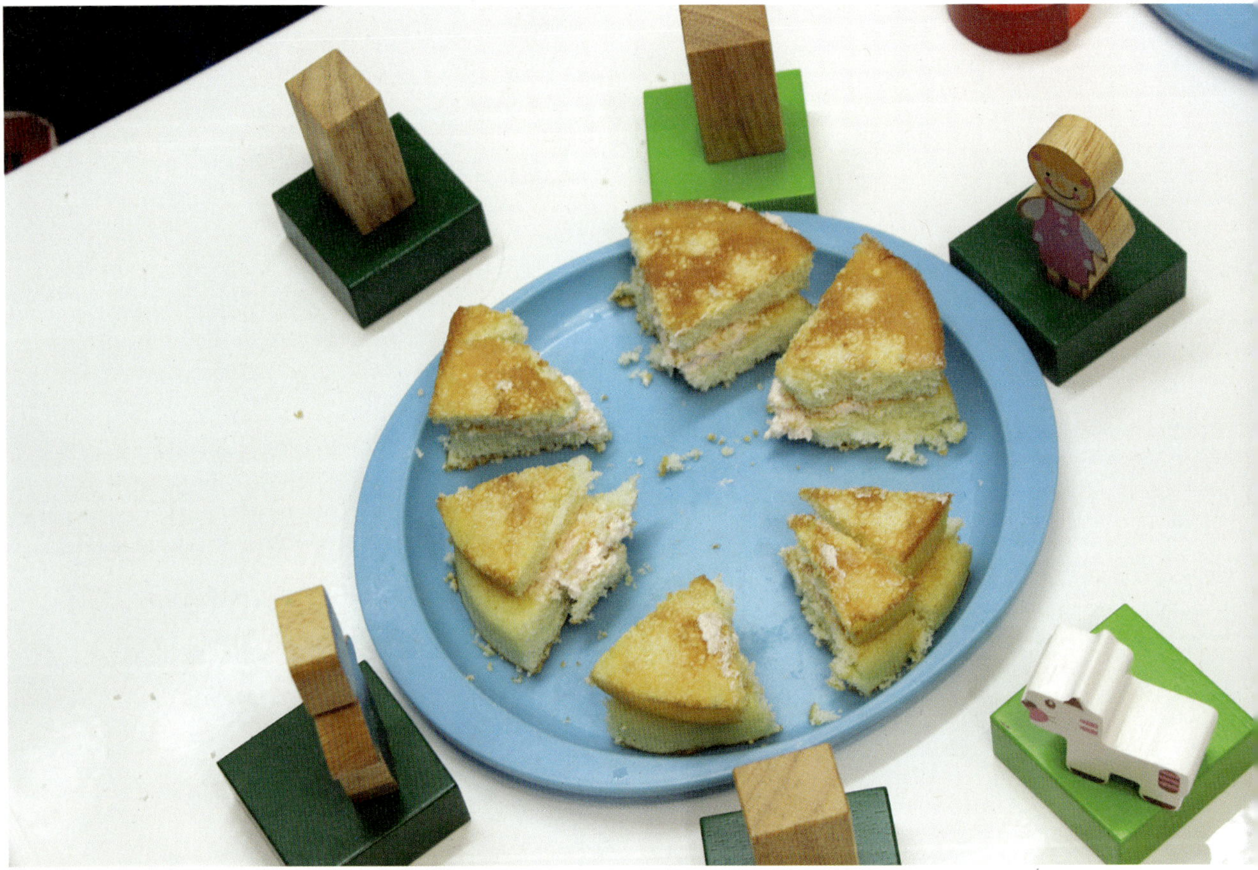

Mathematics
빵을 똑같이 나누어 먹는 활동을 통해서 등분할 분수와 단위 분수의 개념을 이해한다.

생각이 자라는
창의융합 놀이

how to

1. 동그란 빵을 준비해 주세요.

2. 교구를 이용해서 빵을 나누어 먹는 장면을 만들어 주세요.

3. 어떻게 하면 친구들과 빵을 똑같이 나눠 먹을 수 있을지 이야기해 봅니다.

4. 빵 칼을 이용해서 빵을 똑같이 나눠 먹을 수 있도록 분류할 수 있게 해 주세요.

5. 4명, 6명으로 늘려가면서 계속 빵을 똑같이 나눌 수 있게 해 주세요.

6. 분류 놀이를 하고 나서 아이들과 맛있게 빵을 냠냠 먹어요.

나무꾸미기

info

난이도 : ★★★☆☆

재료 : 나뭇잎, 일회용 팩, 나뭇 가지, 나뭇잎, 글루건
대상 연령 : 4~8세

🧪 Science
나뭇잎이 떨어지는 이유를 알고 나무의 구성을 알 수 있다. 나뭇잎의 잎맥을 확인할 수 있다.

⚙️ Technology
나뭇잎 크기를 비교하면서 넓이의 양감을 키우고, 나뭇잎의 잎맥을 관찰하면서 패턴(규칙성)에 대한 이해를 높인다.

생각이 자라는
창의융합 놀이

how to

1. 아이들과 나뭇잎을 주워 보세요.

2. 다양한 나뭇잎의 변화를 알아봅니다.

3. 일회용 팩에 구멍을 뚫어 주세요.

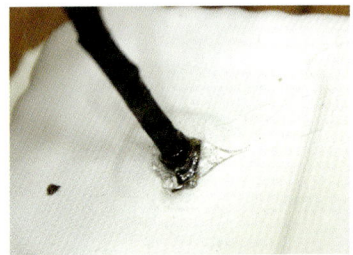
4. 일회용 팩에 나뭇 가지를 꽂아 주세요.

5. 꽂은 나뭇 가지에 글루건으로 다른 나뭇 가지를 연결해서 붙여 주세요.

6. 글루건으로 나뭇잎을 붙여 나무를 꾸며 보세요.

합리성

하루는 24시간

누구에게나 하루는 24시간이다. 나는 이 시간을 어떻게 써야 하나?
그래서 아이들이 방학 때 방학 계획표를 짜듯이 나도 나를 위한 계획표를
그려보았다. 이렇게 계획표를 짜 보면 24시간 동안 내 생활이 눈에 훤히
보인다. 결혼하고 아이를 낳아 기르면서 내 24시간의 주인공은
늘 아이들이다.

그 중에 내 식사 시간은 아이가 자라면서 계속 변화하는 것 중
하나이다. 아이가 갓 태어났을 때는 언제 울지 모르니 내 식사 시간은
5분 이내. '먹는다.'라기 보다는 '먹어 치운다.'와 같다. 군대도 아닌데 몇 번
씹을 시간도 없이 그냥 넘기기 바쁘다. 이때 식사는 맛을 음미하기 보다는
살기 위해 먹는 것이다.

아이들이 좀 자라서 유치원에 다니면 내 식사 시간은 아이들이
유치원에 간 후가 된다. 아침에 일어나 아이들 챙겨서 원에 보내고 나서야
내 식사 시간이 생기기 때문이다. 이 때 아침 식사 메뉴는 아이들이
유치원에 가기 전에 먹고 남은 것이다.

아이가 태어나고 7년 정도가 될 때까지는 거의 엄마를 위한
식탁은 없다. 그릇과 수저가 손에 닿으면 그 자리가 바로 엄마의 식탁인
것이다.

밥을 대충 먹고 나면 이어지는 집안 청소. 청소를 마치고 한 숨 돌릴 즈음이 되면 아이들이 유치원을 마치고 돌아올 시간이다. 그러면 아이들과 「엄마표 놀이」 조금 해주고, 아이들 문제집 한 두장 푸는걸 봐주고, 간식 챙겨주고, 씻기고 하다보면 어느 새 저녁시간 이다.

저녁엔 신랑까지 합세해서 더 바쁘다. 아이들과 신랑은 선호하는 메뉴가 왜 그리도 다른지 각각 구미에 맞는 음식을 준비하고, 저녁을 먹고, 또 치우고. 바로 아이들 잘 준비를 도와주고 아이들을 재워야 한다. 아이들이 잠들고 나면 이제 좀 쉬어야겠다는 생각이 들지만 피곤에 찌들어 있던 몸에 긴장감이 풀리면서 그냥 잠들어 버리는 경우가 대부분이다. 잠깐 눈만 붙인 것 같은데 곧 울리는 알람소리. 벌써 아침이다. 다람쥐 쳇바퀴 돌듯 어제와 똑같이 분주한 아침 시간이 또 시작된 것이다. 시계를 볼 시간도 없다. 그저 창문 밖을 보면서 밝으면 아침이구나, 어두워지면 저녁이구나 하는 정도이다.

칸트는 이 세상에서 제일 객관적인 것이 시간이라고 했지만 사람에 따라 하루를 12시간으로 쓰는 사람도 있고, 48시간으로 쓰는 사람도 있다고 한다. 이따금 '나는 하루를 어떻게 쓰고 있을까?' 한번 생각해 보아야 한다. 이렇게 생각하다보면 생각에만 그치지 않고 어느새 펜을 들고 다시 계획을 짜는 나를 발견하게 된다. 내 24시간을 48시간으로 쓰기 위해. 자, 다시 짜보자. 좀 더 합리적인 나의 계획을.

아이가 태어나고
7년 정도가 될 때까지는
거의 엄마를 위한
식탁은 없다.
그릇과 수저가 손에 닿으면
그 자리가 바로
엄마의 식탁인 것이다.

축구공 놀이

info

난이도 : ★★★☆☆

재료 : 빈 박스, 펠트지, 종이컵, 미니축구공, 자석, 얼굴 사진, 축구선수 이미지, 코팅지, 글루건

대상 연령 : 4~8세

STEAM

 **Science**
자석의 자기력에 대해 이해하고 인력(다른 극) 척력(같은 극)을 알아본다.

Mathematics
보드 게임을 즐기면서 골 점수를 계산하며 연산을 할 수 있다.

how to

1. 아이들 얼굴 사진을 오려 축구선수 이미지 위에 붙여 주세요.

2. 1을 코팅지를 이용해서 코팅 해 주세요.

3. 2번을 형태대로 잘 오려서 자석 위에 붙여 주세요.

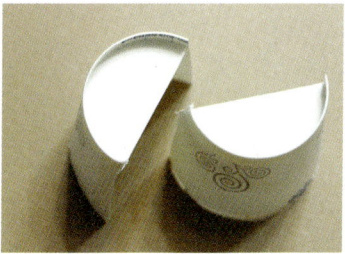

4. 종이컵은 반으로 잘라 주세요.

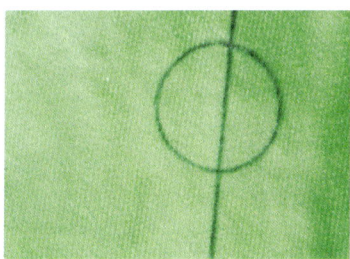

5. 박스 안에 펠트지를 넣어 잔디 느낌이 나도록 그려 줍니다.

6. 종이컵을 잘라 축구골대처럼 양쪽 끝에 붙여 주세요.

7. 미니축구공을 넣어 자석으로 공을 밀어내며 게임을 즐겨 보세요.

손가락 반지

info

난이도 : ★★★☆☆

재료 : 면장갑, 솜, 고리, 네일장식
대상 연령 : 5~8세

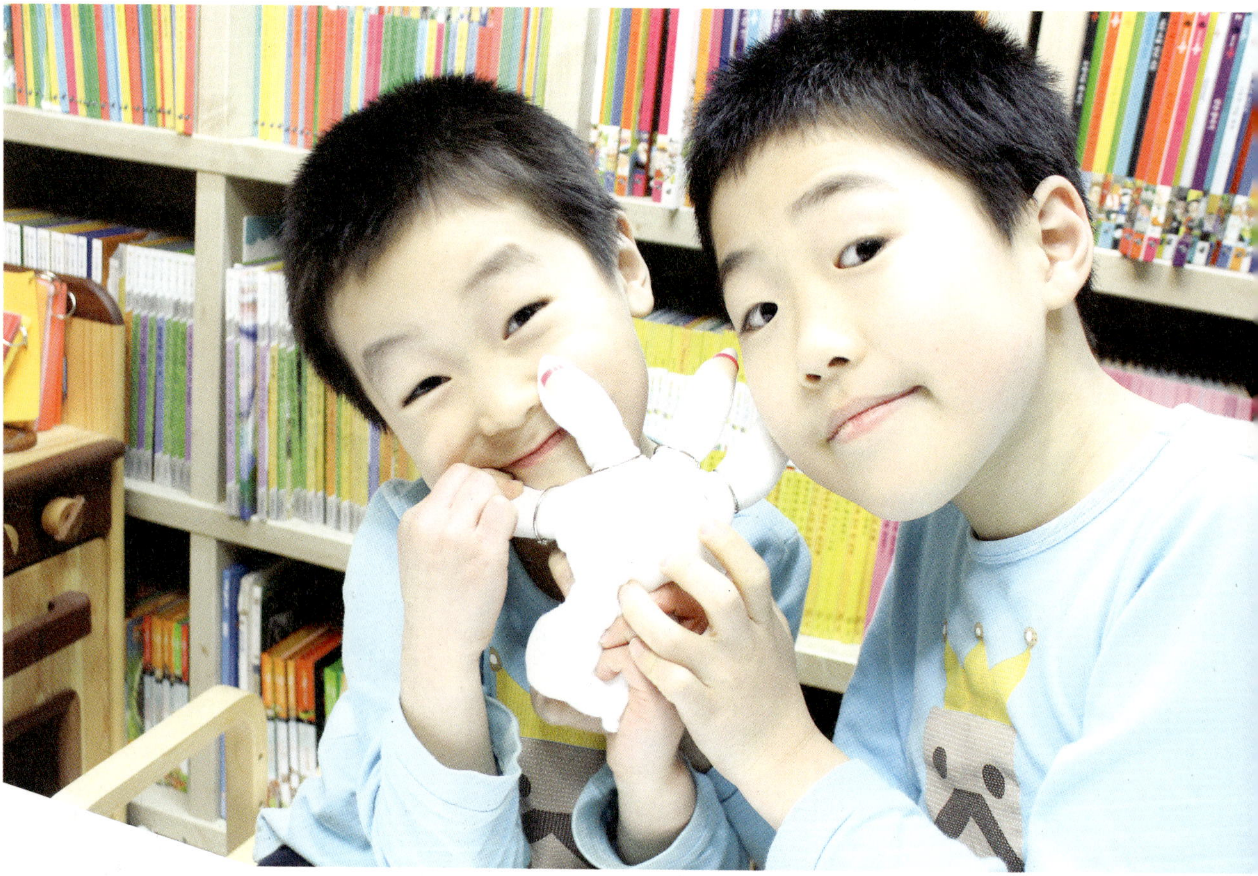

Science
솜을 넣어서 부풀어진 손장갑을 비교해 본다.

Mathematics
손가락에 맞는 고리를 찾아서 끼워 보는 활동을 통해서 추론 능력과 문제해결력을 키우고, 원의 크기에 대한 양감을 기른다.

생각이 자라는
창의융합 놀이

how to

1. 면장갑을 준비해 주세요.

2. 솜을 면장갑 안에 넣어 주세요.

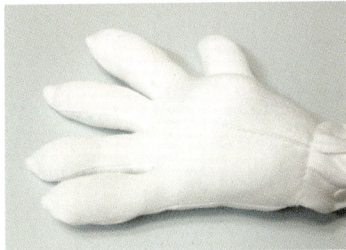

3. 장갑의 입구부분을 글루건으로 붙여 주세요.

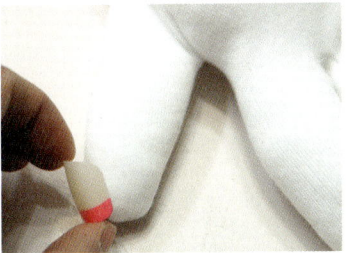

4. 네일 장식을 이용해서 손톱을 붙여 줍니다.

5. 아이들 스스로 장갑 손가락에 맞는 고리를 찾아서 끼워볼 수 있도록 해 주세요.

모 순

감사한 하루!

아이가 기침을 콜록콜록 해댄다. 이미 이마에선 열이 나기 시작했다.
오늘따라 신랑은 왜 늦는 건지. 이런 날 독박육아를 하고 있노라면
화가 난다. 가정을 위해 일하느라 애쓰는 신랑이 고맙지만,
이렇게 아이가 아픈 가운데 혼자서 아픈 아이를 돌보고 있노라면
나 혼자만 제일 바쁘고 힘든 것 같다.

사실은 지금 이 시점에 아이가 아픈 것이 화가 났다.
연일 TV에서는 메르스로 늘어나는 사망자 수치를 보도하기 바쁜
이 때에 아이가 아프다니. 처음 기침을 할 때 약국에서 약을 사다 먹이지
말고 병원에 데려가지 않은 내가 너무 원망스러웠다. 약을 먹여봤지만
5일째가 되어도 열은 오르락 내리락하고 오히려 기침소리는 더 심해진 것
같다. 폐렴에 가까운 기침이었다. 그런데 이것도 모자라 갑자기 시작된
설사. 아이는 며칠 사이에 열 감기, 폐렴, 장염까지... 한 번에 너무 많은
일들이 일어났다.

겁이 났다. 혹시 지금 TV에 나오는 메르스는 아닌지...
메르스 증상과 비슷한데 내가 진작 병원에 데려가지 못한 것은 아닌지...
마음이 쿵쾅쿵쾅 거리며 갑자기 다급해졌다. 아이를 데리고 부리나케
병원으로 가니 다행히 메르스는 아니었다. 하지만 열, 기침 감기에

장염까지 겹쳐 링거 처방을 받았다. 링거를 꽂고 응급실에 누워 있는 아이의 모습을 보니 후회가 물밀듯이 밀려왔다. 아이스크림을 먹이지 말았어야 했는데. 그 날 물놀이를 가지 말았어야 했는데. 진작 병원에 데리고 왔어야 했는데. 아이가 아픈 이유들이 수도 없이 떠오르고 그 이유를 해결하지 못한 죄인은 엄마인 나였다. 모두 내 탓인 것 같고, 아이가 아픈 지금 나는 죄인 같았다. **한순간에 엄마에서 죄인이 되어버렸다.** 아이를 위해 해 준 것은 아무것도 생각나지 않고 오직 아이를 잘 돌보지 못했다는 것만 떠올랐다.

아이가 태어나고 엄마라고 불리면서 당연하게 육아의 달인이 되는 것이 아니다. 그런데 왜 아이에게 문제가 생기면 모든 잘못은 엄마 때문이라고 생각할까? 특히 아이가 아프면 모든 엄마들은 다 엄마의 잘못이라고 생각한다. 자꾸 엄마인 내가 잘못했다고 생각하게 되고, 급기야는 내 자신이 싫어진다.

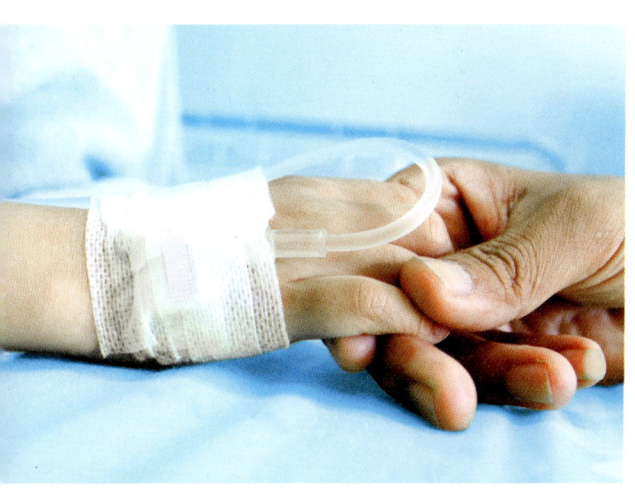

아니다. 생각을 바꾸자. 이건 모순이다. 모순에 빠진 생각을 하게되면 이 문제를 해결할 수도 없고 현명한 판단을 내리기 어렵다.
다행히 메르스가 아니고 폐렴이다. 입원해서 치료를 받으면 얼마든지 나을 수 있으니 다행이다.

이렇게 모순에 빠지지 않는다면 엄마의 마음은 한결 가벼워진다. 그러면 죄책감에 휩싸여 아이를 바라만 보는 엄마가 아니라 조금 여유로운 마음으로 아이를 안아줄 수 있는 현명한 엄마가 될 수 있다.

테이프 심 바구니

info

난이도 : ★★★☆☆

재료 : 테이프 심지, 모루, 테이프, 송곳, 박스, 스티커
대상 연령 : 5~8세

STEAM

🖥 **Technology**
물건을 쉽게 들 수 있도록 도구를 이용해 만들 수 있다.

📐 **Mathematics**
테이프 심을 꾸며보는 활동을 하면서 원기둥에 대한 양감을 키우고, 원기둥 옆면과 밑면의 특징을 이해한다.

how to

1. 다 사용한 테이프심을 준비해 주세요.

2. 테이프심에 송곳으로 구멍을 양쪽으로 뚫어 주세요.

3. 박스에 테이프심 크기의 원을 그리고 잘라 주세요.

4. 스티커와 각종 재료를 이용해 테이프심을 꾸며 봅니다.

5. 3번을 테이프심 밑부분에 붙여 주세요.

6. 모루를 테이프심 구멍에 넣고 손잡이를 만들어 주세요.

7. 상점 놀이 등을 하면서 바구니를 활용할 수 있어요.

양말 물고기

info

난이도 : ★★★★☆

재료 : 양말, 고무줄, 눈 장식, 솜, 젓가락, 고무줄(끈), 자석, 글루건

대상 연령 : 4~9세

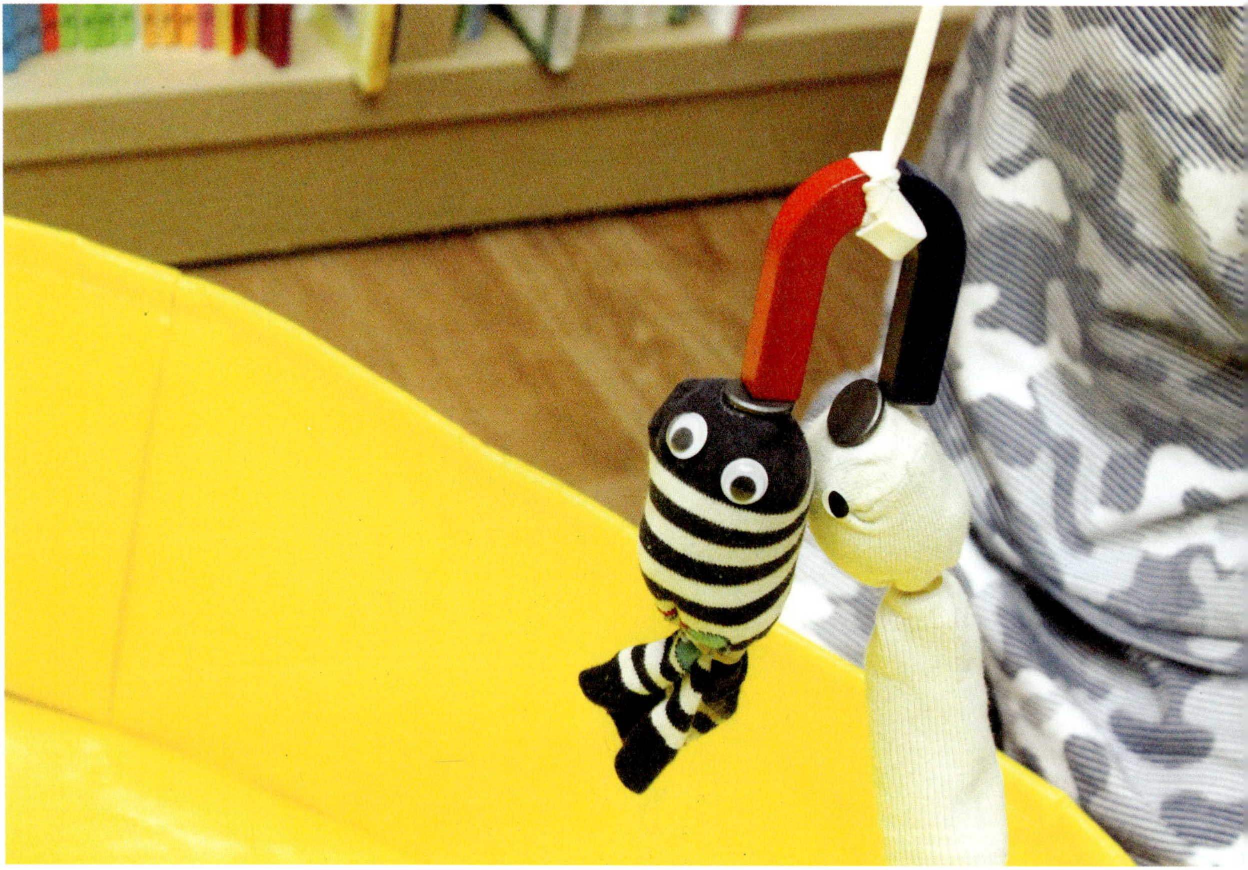

Science
자석을 이용한 낚시 놀이를 통해 물체를 끌어당기는 힘(인력)을 알 수 있다.

Mathematics
잡은 고기의 수를 세어 보면서 개수 세기 연습을 하고, 일대일 짝짓기(대응)에 대하여 친근하게 배운다.

how to

1. 양말을 준비해 주세요.

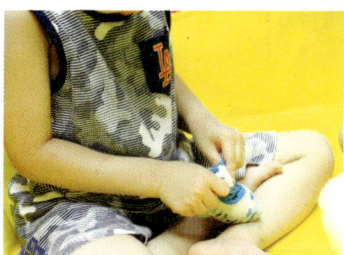
2. 양말 속에 솜을 2/3가량 넣어 주세요.

3. 고무줄로 솜이 있는 부분까지 양말 입구를 묶어 주세요.

4. 눈장식을 붙여 주세요.

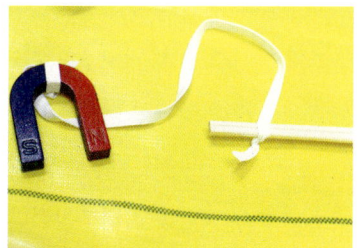
5. 젓가락에 끈을 연결해서 자석을 묶어 주세요.

6. 양말에도 글루건으로 자석을 붙여서 고정시켜 주세요.

7. 아이들과 물고기 잡기를 시작해 보아요~~

독서습관

책읽는 습관 책이라는 장난감

아이가 책을 많이 읽으면 얼마나 좋을까? 모든 엄마들의 바람이다. 아이들이 책을 많이 읽으면 좋다는 말, 아이가 읽은 책이 모두 아이의 지적 재산이 된다는 말 등을 정말 많이들 한다. 하지만 어떻게 하면 아이들에게 책을 많이 읽게 할 수 있을까? 엄마라면 누구나 고민하는 주제이다.

아이들에게 장난감의 종류는 정말 많다. 자동차, 인형, 블록 등등 너무 다채롭다. 이 장난감들은 엄마가 알아서 사 주기도 하지만 아이가 TV를 시청하게 되면서 직접 사달라고 하는 것들이 더 많아진다. 아이들이 좋아하는 TV애니메이션 프로그램 사이 사이에 무수히 많은 장난감 광고 때문이다. 그걸 보고 아이들은 모두 사달라고 아우성이다. 정말 도움이 될 만한 것이라고 판단하면 사주지만 보는 족족 사달라고 하면 엄마의 머리가 아파진다. 다 사줄 수도 없거니와 무분별하게 사 주는 것이 아이에게 어떤 의미가 있겠는가?

나도 그랬다. 거실에 있는 장난감 보관함을 보면 다양한 장난감이 가득 있었다. 그러다보니 거실은 아이들의 장난감 놀이터였다. 장난감은 계속 늘어가고, 아이들이 책을 보는 시간 보다는 장난감과 함께하는 시간이 점점 늘어났다. 하루 이틀 같은 상황이 반복되다 보니 뭔가 새로운 조치가 필요하다는 생각이 들었다.

그래서 결정한 것이 '거실의 서재화'였다.

아이들은 주로 아이들 방이 아니라 거실에서 많은 생활을 했다. 밥도 먹고, 장난감도 가지고 놀고, 뛰어 놀기도 하고. 그래서 거실의 변화가 필요했다. 기존에 거실에 두던 장난감을 일부는 비닐에 담아 두고, 일부는 작은 방에 넣어 두었다. 그리고 거실에 아이들의 책을 조금 더 가져다 꽂아 두었다. 처음에는 작은 방에 넣어 둔 장난감을 꺼내서 가지고 나와 놀더니 며칠이 지나니 거실에 둔 책을 꺼내서 놀기 시작했다. 아이들이 책을 읽기 시작한 것은 아니었다. 책을 밟고, 뛰어 넘고, 쌓기도 하며 책을 장난감처럼 가지고 놀았다. 아이들은 그렇게 책과 친해지고 있었다. 엄마는 옆에서 격려와 함께 다른 놀이 방법을 조언해 주었다.

"우와! 책을 잘 쌓았네? 그럼 이번에는 다른 모양으로 책을 쌓아볼까?"

장난감....
보는 족족 사달라고 하면 엄마의 머리가 아파진다. 다 사줄 수도 없거니와 무분별하게 사 주는 것이 아이에게 어떤 의미가 있겠는가?

아이의 손을 잡고 함께 책을 폴짝 뛰어보기도 하고, 볼링처럼 책을 세워두고 공을 굴려서 쓰러뜨리기도 했다. 그리고 쓰러뜨린 책 중에 하나를 읽어주기도 하였다. 그러면 아이들은 자기가 보고 싶은 책을 맞추기 위해 먼저 책놀이를 시작하자고 하기도 했다. 이렇게 책놀이가 시작되는 것이다. 이 놀이로 아이에게 책은 읽기만 해야 하는 단조로운 대상이 아니라 즐거운 장난감이 될 수 있었다. 그리고 자연스럽게 그 책을 읽게 되고, 흥미를 붙이게 되었다. 그럼으로써 아이의 책 읽기 생활화가 이루어지게 된 것이다.

스토리텔링 책만들기

info
난이도 : ★★☆☆☆

재료 : A4 용지, 가위, 스테이플러, 캐릭터 스티커, 연필, 마스킹 테이프
대상 연령 : 6~8세

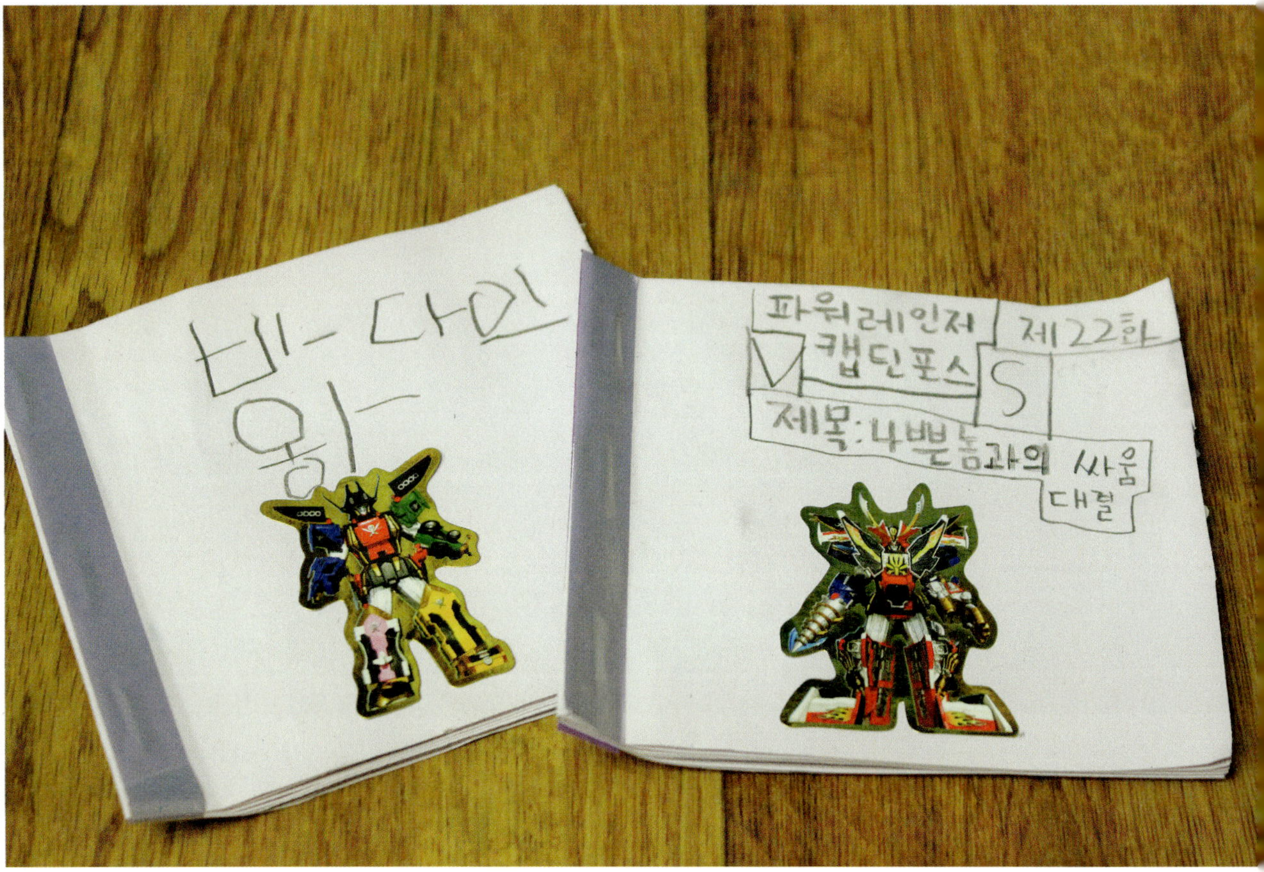

Art
생활 속 이야기를 통해 숨겨있던 수학과 과학을 찾아 이야기 해보고 어휘력을 키울 수 있다.

생각이 자라는
창의융합 놀이

**116
117**

how to

1. A4 용지를 여러장 준비합니다.

2. 준비된 종이를 모두 반으로 잘라 주세요.

3. 잘라진 종이를 한 방향으로 모은 후 스테이플러로 중앙을 고정시켜 주세요.

4. 스테이플러로 고정된 부분을 마스킹 테이프로 붙여 주세요.

5. 아이들이 좋아하는 스티커를 이용해서 붙이고 싶은데로 붙이게 해 주세요.

6. 아이들이 붙인 스티커에 그림을 더 그리면서 이야기를 만들어 봅니다.

7. 다양한 스토리를 같이 읽어보면서 서로의 생각을 이야기 해 봅니다.

우유갑 연필꽂이

info
난이도 : ★★★☆☆

재료 : 우유갑, 가위, 글루건, 아이스크림 스틱, 아이들 사진
대상 연령 : 7~8세

STEAM

Art
아이스크림 스틱의 색을 다양하게 준비하고 규칙성있게 꾸며보며 색의 조화를 느낄 수 있다.

Mathematics
우유갑의 옆면에 붙일 수 있는 아이스크림 스틱의 개수를 세어보면서 입체도형의 겉넓이 개념을 이해한다.

how to

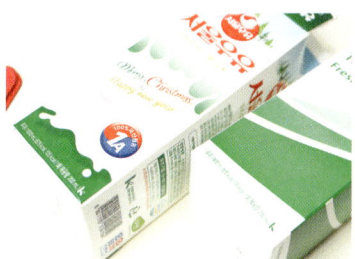

1. 우유갑을 준비해 주세요.
2. 색칠한 아이스크림 스틱을 준비하고 스틱길이보다 조금 짧은 길이만큼 우유갑을 잘라주세요.

3. 우유갑에 아이스크림 스틱를 붙여 주세요.
4. 반복하여 전면을 아이스크림 스틱으로 모두 붙여 주세요.

5. 아이들의 사진을 우유갑 앞면에 붙여 주세요.
6. 사진 위에 아이스크림 스틱으로 프레임을 만들어 주세요.

깨달음

아이들은 노력하고 있었다!

아이들이 스스로 얼마나 노력하고 있는지 미처 알지 못했다.
아이들이 태어나서 기어 다니기 시작하고, 서기 위해 노력하고,
그러다가 걷게 되는 그 순간까지 말이다. 아이들의 발달 단계는 비슷하지만
발달 순서에는 차이가 있을 수 있다. 그런데 처음에는 누구나 시간이
지나면 자연스레 모든 단계들을 습득하게 되는 줄 알았다.

아이들이 태어난 지 5~6년이 흐른 후에 아이들이 자는 모습을
보니 만감이 교차한다. 이 아이들이 언제 클까 생각하며 고생했던 기억이
나는데, 어느 순간 훌쩍 자라난 아이들의 모습을 보니 눈물이 주르륵
흐른다.

시간이 흐른 지금에서야 아이들도 스스로 노력하며 커왔다는
사실을 깨달았다. 일어서기 위해서 수천 번을 넘어지고, 식탁 다리를
잡아보고, 엄마의 무릎이 튀어나온 추리닝 바지 끝을 부여잡고 힘주어
버티며 노력했다는 사실에 가슴이 미어진다.

아이들을 키우면서 왜 이런 모습들을 몰랐을까?
아이들이 하고 있는 노력을 알았더라면 더 많이 안아주고, 기다려주고,
이해해주었을 텐데……. 그때의 모습이 아른거리니 내 자신이 부끄럽고

미워지려 한다. 아이가 몇 개월에 목을 가누어야 하고 서야 하는지 계산하고, 또래 아이들보다 느린지 빠른지에 온통 관심이 쏠려 있었다.

아이를 생각하는 척하면서 사실은 나의 방식대로 계산을 하고 있었던 것 같다. 아이들이 제일 원하는 건 많은 장난감을 사주고, 젤리나 사탕 같은 달콤한 간식만 사주는 엄마는 아닐 것이다.
아이가 일어서기 위해 무언가를 잡고 몇 번이고 넘어질 때마다 격려해주는 엄마의 모습을 기대하고 있지는 않을까.

이제야 진심으로 깊이 알 것 같다. **우리 아이들이 매번 어떠한 목표에 도전할 때마다 힘껏 격려해주는 엄마가 되어야겠다.** 속도를 따지기보다 따스한 마음으로 안아주고 싶다.

"아이야, 엄마는 너를 믿는다!"
이 말을 꼭 들려주고 싶은 하루다.

아이들을 키우면서
왜 이런 모습들을 몰랐을까?
아이들이 하고 있는
노력을 알았더라면
더 많이 안아주고,
기다려주고,
이해해 주었을 텐데...

뚜껑놀이

info

난이도 : ★★★☆☆

재료 : 페트병, 우유갑, 가위, 찍찍이
대상 연령 : 3~7세

STEAM

🎨 Art
우유갑, PET병을 활용하는 조작 활동을 통해서 공간 지각력과 공간 감각을 키운다.

🔧 Engineering
각각의 통에 맞는 뚜껑을 찾아 보며 뚜껑의 크기를 비교하고, 뚜껑을 돌려보면서 눈과 손의 협응 및 크기 비교를 할 수 있다.

how to

1. 크고 작은 우유갑과 페트병을 준비해 주세요.

2. 큰 우유갑은 네모난 통을 만들기 위해 입구쪽을 막아 주세요.

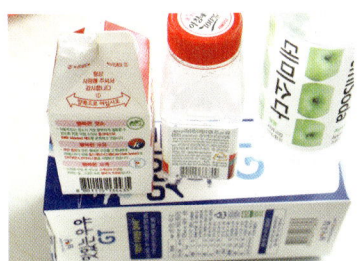

3. 큰 우유갑에 페트병과 작은 우유갑 등의 위치를 잡아 주세요.

4. 각 위치에 맞게 칼로 구멍을 내고 페트병과 작은 우유갑을 위치에 맞게 넣어 주세요.

5. 작은 우유갑을 열고 닫는 연습을 할 수 있도록 찍찍이를 붙여 주세요.

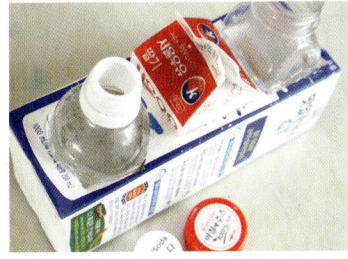

6. 페트병의 뚜껑은 따로 빼서 보관해 주세요.

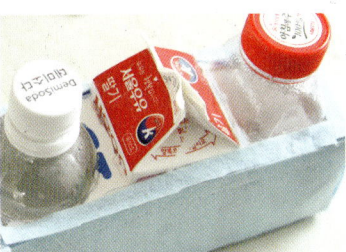

7. 뚜껑 찾기 교구완성! 같은 색깔, 같은 모양, 크기 등 다양한 영역으로 활용이 가능하답니다.

8. 아이들이 뚜껑을 제자리에 찾아 꽂을 수 있는지 지켜봐 주세요.

양말 짝 맞추기

info

난이도 : ★★★☆☆

재료 : 짝 없는 양말, 박스, 가위, 글루건, 찍찍이
대상 연령 : 3~7세

STEAM

Technology
양말 짝 찾기 활동을 통하여 추론력과 문제해결력을 키운다.

Art
아이들에게 맞는 양말짝을 찾아 맞춰 보게 하고 다른 디자인을 만들어 보도록 하여 사고력을 확장해 볼 수 있다.

how to

1. 박스의 두꺼운 부분을 잘라 주세요.

2. 펠트지로 박스를 감싸 주세요.

3. 짝 잃은 양말을 준비해 주세요.

4. 양말을 2등분하거나 3등분하여 자유롭게 잘라 주세요.

5. 펠트지 위에 자른 양말의 윗부분을 글루건으로 붙여 주세요.

6. 나머지 양말의 뒤에 글루건으로 까슬이를 붙이고 펠트지에도 붙여 주세요.

7. 양말 퍼즐 교구 완성!

8. 짝을 찾아볼까요~~~

CHAPTER 3
가족 그리고 모두의 관계

사 랑

참 간사한...

엄마는 늘 돈 없다는 소리를 입에 달고 산다.
2살 때는 아이들 분유 값과 기저귀 값이 비싸서 돈 없다는 소리를 입에 달고 살고,
3살 때는 아이들 유기농 간식이 비싸서 돈 없다는 소리를 입에 달고 살고 ,
5살 때는 아이들 사줘야 하는 장난감이 비싸서 돈 없다는 소리를 입에 달고 살고,
7살 때는 아이들 책 값이 비싸서 돈 없다는 소리를 입에 달고 산다.
늘 아이들에게 들어가는 돈 때문에 돈이 없다는 소리를 달고 산다.

　　　　하지만 아이들이 초등학교에 들어간 지금과 그때를 비교해서 생각해 보면 아이들이 어렸을 때 들어간 돈은 지금에 비하면 아무것도 아니었다. 그래도 그때 노력해서 아이들에게 해줄 수 있는 만큼 해 주었다는 사실이 다행이라는 생각이 든다. 아이들이 필요로 할 때에 필요한 것을 혹은 조금 더 나은 것을 해주기 위해 노력하는 것이 엄마가 아니던가.

　　　　아이가 생기면 처음엔 그저 건강하게만 태어나게 해달라고 바란다. 그래서 많은 태아들의 태명은 '건강이' 같은 것이다. 나도 유산하고 다시 가진 둘째의 태명이 '건강이'였다. 그저 건강하게만 태어나면 더 바랄 것도 없고 무엇이든 다 해주리라 싶은 생각이었다. 하지만 아이가 자라면서 건강하기만 하면 된다는 바람은 어느새 까맣게 잊어버리고 말았다. 내 아이가 조금 더 똑똑했으면 하는 엄마 욕심이 생긴 것이다. 그리고 그 엄마 욕심은 아이들이 크면서 함께 커진다. 지금 이 순간에

그저 건강하게만 태어나면
더 바랄 것이 없다고
생각했었다.
하지만 그 바람은 어느새
까맣게 잊혀지고 말았다...

감사하고 사랑하며 사는 것이 정답이겠지만 막상 현실과 마주하며 엄마의 마음이 흔들리게 되는 것이다. 이 욕심이 엄마라면 누구나 가지는 것인지, 아니면 무한한 경쟁을 부추기는 사회 현상 때문인지는 모르겠다.

엄마는 살아온 경험으로 알게 된 것을 내 아이에게 알려주려는 것인데, 그저 모두 엄마의 욕심 탓이 되어버리는 이 현실이 너무 싫을 때가 있다. 그리고 앞으로도 이런 흔들림은 무수히 더 많이 남아 있을 것이라는 것도 안다.

그래도 엄마는 방패 없이 모든 사람들의 흔들림을 버티고 있어야 한다. 내 아이들이 좀 더 잘 자랄 수 있게 도와주기 위해서. 하지만 무방비 상태로 싸워야하는 엄마의 어깨가 가끔은 무거울 때가 있다.

종이컵 꽃게

info

난이도 : ★★★★☆

재료 : 종이컵, 가위, 색연필
대상 연령 : 6~8세

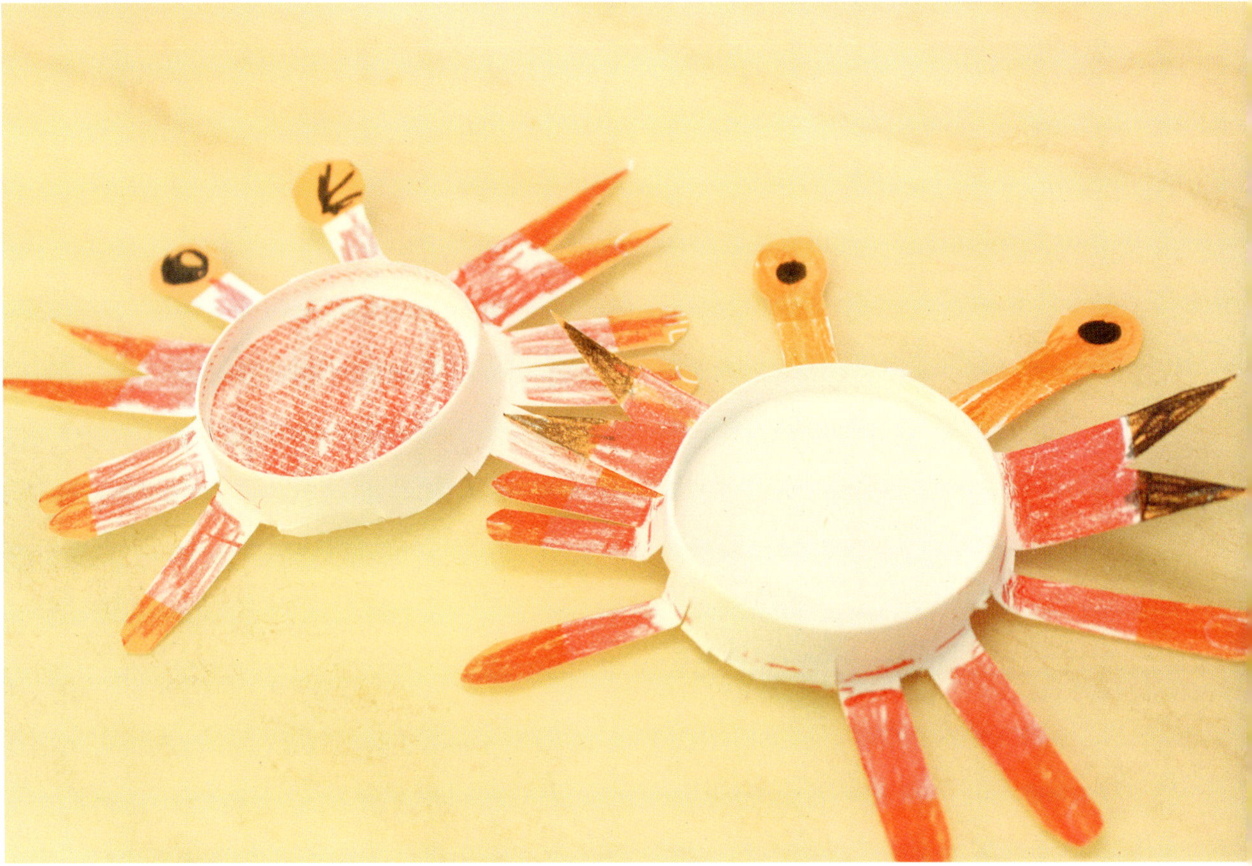

Art
꽃게를 꾸며 보면서 꽃게의 특징과 암수를 구분해 보도록 한다.

Mathematics
꽃게의 다리 개수 등을 알 수 있다. 다리와 눈 등 대칭을 이해할 수 있다.

생각이 자라는
창의융합 놀이

how to

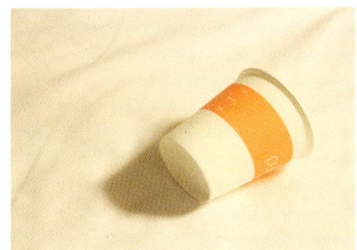

1. 종이컵을 준비해 주세요.

2. 종이컵을 밑바닥까지 잘라주세요. 이때 왼쪽 오른쪽 대칭으로 5등분해서 잘라 줍니다.

3. 다리, 집게 등 모양을 내면서 가위로 잘라 줍니다.

4. 색연필로 예쁘게 꾸며 보세요.

5. 수컷과 암컷도 표현해 보면서 꽃게의 특징을 이해할 수 있어요.

종이 접시 꽃

info
난이도 : ★★★☆☆

재료 : 빨대, 가위, 색연필, 일회용 종이 접시
대상 연령 : 4~8세

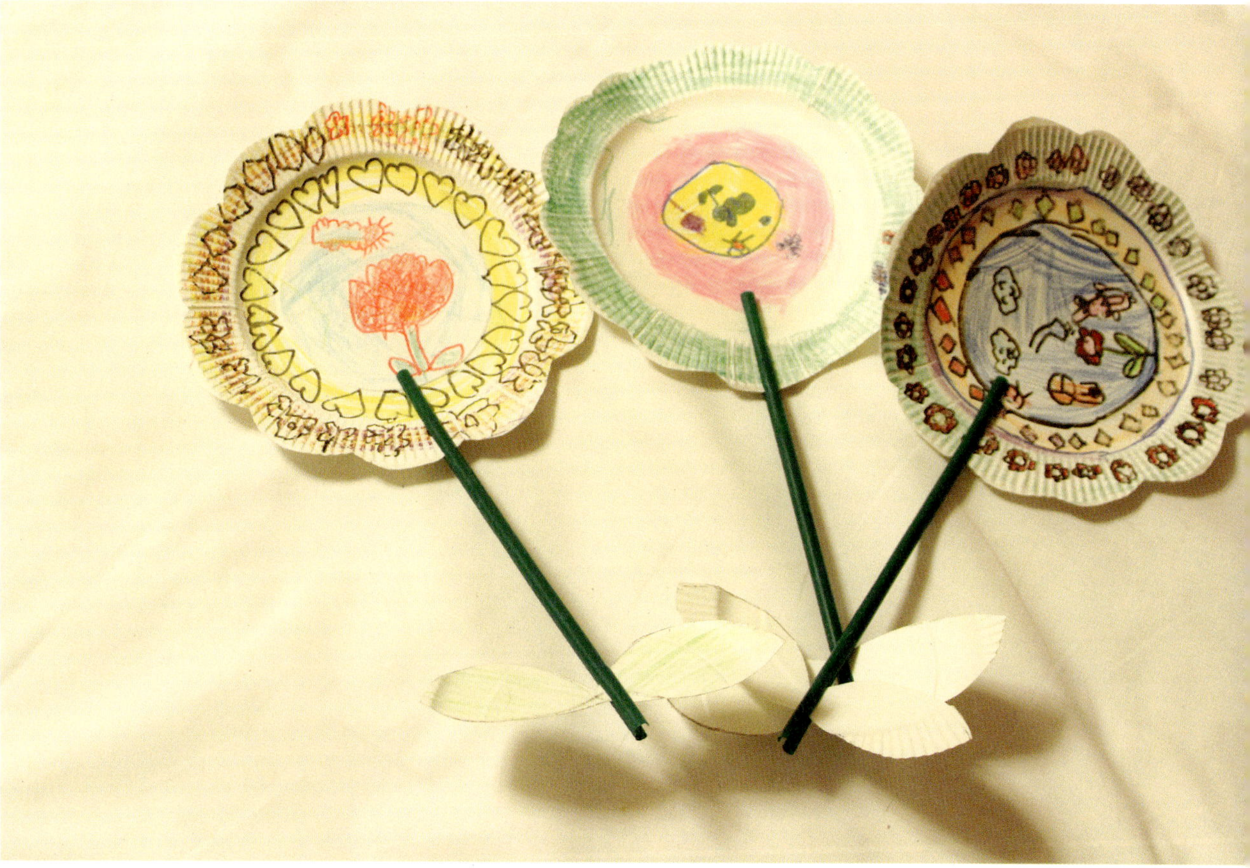

Technology
종이 접시의 꽃을 빨대에 끼워 보면서 균형을 맞춰 본다.

Art
꽃을 표현해 보면서 꽃의 무늬, 잎, 모양 등을 다양하게 표현해 볼 수 있다. 또한 아이들마다 꽃 표현은 다를 수 있으니 서로가 만든 꽃에 대해 이야기를 해 보도록 한다.

132 / 133

생각이 자라는
창의융합 놀이

how to

1. 종이 접시를 준비해 주세요.

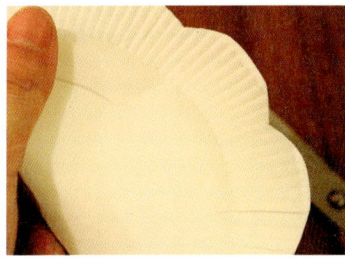

2. 접시를 반으로 접어 꽃무늬가 나올수 있도록 꽃잎모양으로 잘라 줍니다.

3. 접시 위에 꽃 그림을 그려보게 해 주세요.

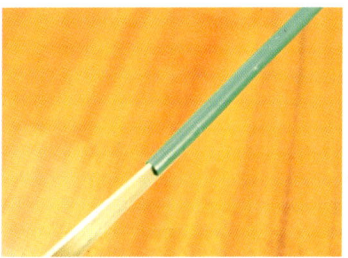

4. 빨대의 위쪽과 아래쪽에 6~8cm정도로 칼집을 내듯이 세로로 살짝 잘라 줍니다.

5. 아이들이 만든 꽃을 4번의 잘라진 빨대사이에 끼워 넣어 주세요.

6. 잎 모양을 꾸며 빨대의 아래쪽에 끼워 주세요.

7. 그림으로 표현할 때 아이들 마다 표현 방식이 달라 창의적인 꽃이 완성됩니다.

아 빠

아빠는 무서워!

아빠가 경상도 사람이라 말투나 억양이 세서 그런지 목소리를 조금만 높여도 무섭게 느껴져서 아이들은 아빠를 무서워한다.

주말에 온 가족이 마트로 갔던 날도 엘리베이터에서 아이들이 장난을 치자 단번에 높아진 아빠의 음성.
"훈아! 조용히 해야지! 뒤에 사람이 있잖아!!"
아빠가 타인의 눈치를 참지를 못하고 화를 내버리자 아이들은 장난을 멈추고 잔뜩 움츠러들었었다.

며칠 후 친척들이 모두 모이는 날. 짓궂은 삼촌의 '아빠가 무서워? 엄마가 무서워?'라는 질문에 아이들은 단 1초의 고민도 없이 "아빠~"라고 단호하게 대답했다.
아이들의 의외의 대답에 놀랄 수밖에 없었다.
물론 내가 아이와 많이 놀아주기도 하지만 그에 버금가게 잔소리도 하는데... 그래서 당연히 내가 아이들에게 더 무서운 엄마일거라고 생각했었다.
"왜, 아빠가 더 무서워?"
"엄마는 놀아줄 땐 놀아주고, 우리가 잘못했을 때만 혼내. 아빠는 항상 무서워!"

순간 머리가 하얗게 되었다.
아빠도 너무 놀랐다.

그날 후 부터 아빠는 아이들에게 다가가기 위한 노력을 시작했다. 하지만 아이들과 많은 시간을 보내지 못하다 보니 아빠는 어떻게 놀아줘야할지 몰라 시작부터 당황했다. 그래서 아이와 함께 있는 시간이 많은 엄마가 옆에서 조금씩 힌트를 주기로 했다. 놀이방식을 얘기해주거나 아이가 좋아하는 부분을 살짝 문자로 귀띔해주는 식이었다.

'아빠 오늘 재현이가 축구하고 싶데요.'

'오늘 초콜릿이 먹고 싶다고 하더라구요.'

퇴근 후 돌아온 아빠는 엄마의 힌트를 사용해서 아이에게 조금씩 다가갈수 있었다.

"오늘은 아빠랑 축구하자."

"오늘은 아빠랑 초콜릿 사러 가자."

마음을 명중당한 아이들은 아빠가 자신들의 마음을 알아주는 것도, 아빠가 먼저 다가와 함께 하자는 것에 놀라면서도 좋아했다.

쉬운 것부터 하나씩 하나씩 하다 보니 아빠와 아이들의 관계는 조금씩 변해갔다. 매일은 어렵더라도 일주일에 한 두 번은 아이와 함께 무언가 하기 위해 노력하는 아빠로 변했고, 아이들도 아빠와의 관계를 회복할 수 있었다. 아마 이제 아이들의 기억 속 엘리베이터에서 화내던 아빠의 모습은 어스름하게 사라져가고 있겠지...

풍선 펀치

info
난이도 : ★☆☆☆☆

재료 : 풍선, 담요
대상 연령 : 3~8세

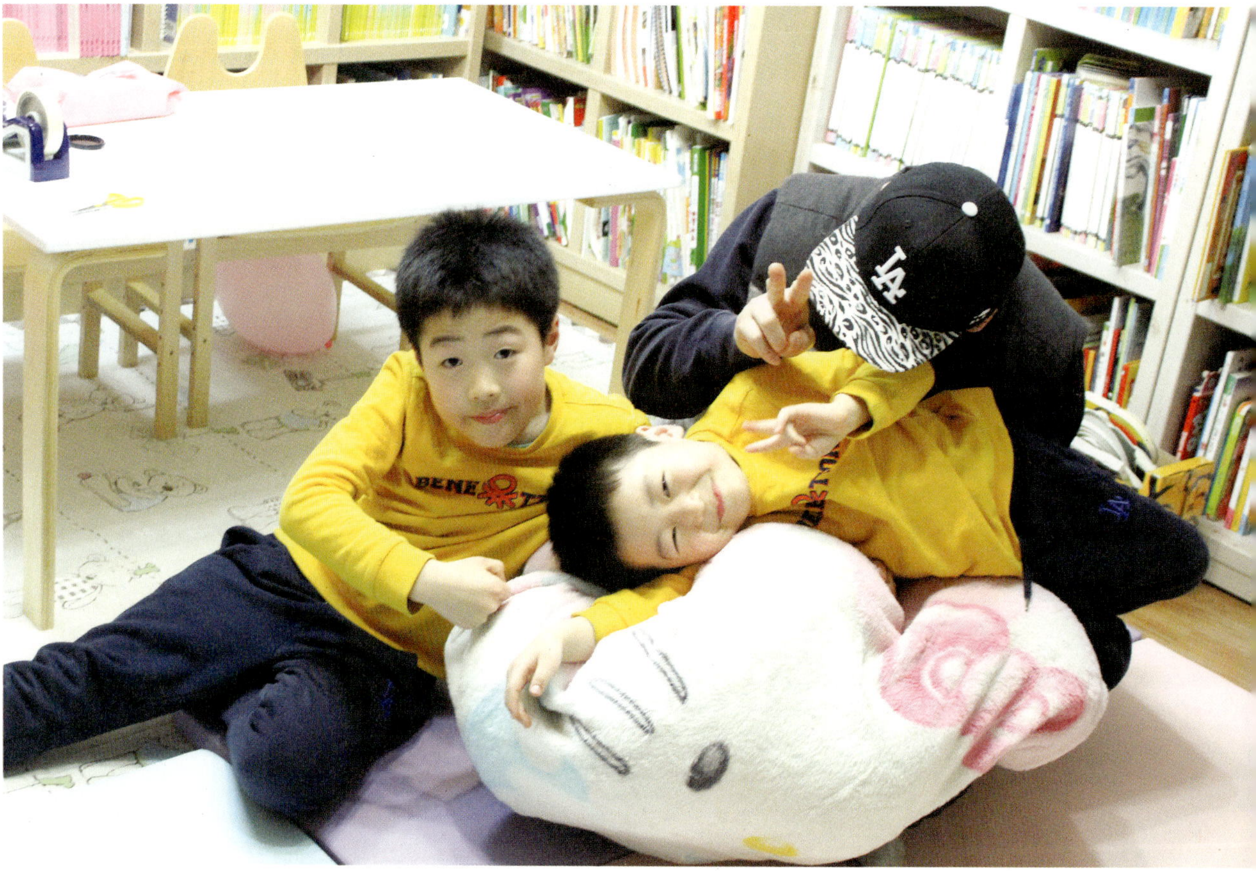

Science
풍선은 터지기 쉽지만 여러 개의 풍선이 모이면 잘 터지지 않는 풍선의 원리(기압과 탄성)를 알 수 있다.

how to

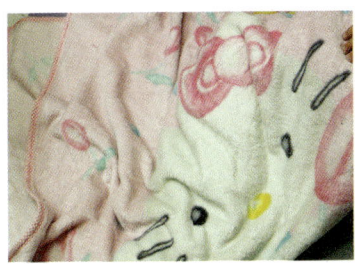
1. 담요를 펼쳐 줍니다.

2. 풍선을 담요 위에 올려 놓아요.

3. 담요 모서리를 잡고 풍선을 가운데로 모아 줍니다.

4. 아빠는 담요를 꼭 감싸고 아이들은 발과 손으로 담요속의 풍선을 차봅니다.

5. 아이들이 스트레스가 풀릴 수 있도록 즐기게 해 주세요.

6. 가끔 아빠의 공격도 아이들에게 재미를 느끼게 해 준답니다.

칸쵸빙고

info
난이도 : ★★☆☆☆

재료 : 비닐, 색전지, 칸쵸
대상 연령 : 3~6세

STEAM

Art
칸쵸 과자 위에 그려진 다양한 사물들을 관찰해 본다.

Mathematics
도형의 개념을 이해하고 활용 능력을 키울 수 있다.

how to

1. 색전지를 책상 위에 펼쳐 주세요.

2. 색전지 위에 비닐을 펴 놓습니다.

3. 그 위에 칸쵸를 올리고 아이들이 탐색할 시간을 줍니다.

4. 가로 5개 세로 5개가 되도록 25개의 칸쵸를 각각 준비하게 합니다.

5. 서로 칸쵸 위에 새겨진 그림을 하나씩 부르면서 빨리 칸쵸를 없애는 사람이 승리!!

협 동

무계획적인 놀이

내가 매일 블로그에 「엄마표 놀이」를 올리다 보니 여기에 관심이 있는
다른 엄마들의 질문을 받을 때가 있다. 그 중 많이 하는 질문이 '유치원에
안보내고 집에서 다 가르치세요?'이다. 그때마다 나의 대답은 똑같다.
'유치원도 보내죠. 하지만 유치원은 사회성을 길러주는 곳이기 때문에
많이 배워오라고 하는 대신 친구들과 재미있게 놀고 오라는 얘기만 해 줘요.'
아이들은 유치원이라는 작은 사회에서 또래와 배려, 감사, 시기, 질투 등
많은 것을 배우게 된다. 그 속에서 지식보다 중요한 아이의 인성이 자라는
것이다.

내가 집에서 「엄마표 놀이」를 하는 것은 아이에게 하나 더
가르치고, 하나 더 학습시키기 위해서가 아니라 엄마의 감정과 아이들의
감정을 하나로 모으기 위한 활동이 필요했기 때문이다. 무뚝뚝한 남자 아이
둘을 키우는 엄마로서 아이와 대화의 시간이 필요했다. 그리고 아이의
마음을 더 이해하고 공감대를 만들고 싶었다. 그래서 시작한 것이 「엄마표
놀이」였다. 「엄마표 놀이」를 통해 아이가 뭘 좋아하고, 뭘 하고 싶어 하고,
적성에 맞는 것은 무언인지를 잘 아는 제일 친한 친구가 되고 싶었을 뿐이다.

엄마의 사랑이 중요하고, 어릴 때 받은 사랑이 성장해 가는데 많은
영향을 끼친다는 것은 이미 잘 알고 있다.

> 엄마표 놀이를 하는 것은
> 아이에게 하나 더 가르치고,
> 하나 더 학습시키기
> 위해서가 아니다.
> 엄마의 감정과 아이들의
> 감정을 하나로 모으기 위한
> 활동이다.

그러나 그 사랑을 표현하는 방법은 모두 다 다르다. 「엄마표 놀이」로 엄마와 교감 100%를 이룰 수 있는 것도 아니고, 아이가 똑똑해 지는 것도 아니다. 다만 나는 「엄마표 놀이」를 통해 아이들에게 자극이 많아지고, 대화도 많아 졌기 때문에 이 「엄마표 놀이」를 좋아하는 것뿐이다.

너무 '엄마표 놀이를 해줘야 한다.'는 강박에 시달릴 필요는 없는 것 같다. 아이와 같이 손을 잡고 걷거나, 꼭 안고 잠들어도 아이와 교감할 수 있다. 「엄마표 놀이」도 아이와 할 수 있는 다양한 교감 중에 하나일 뿐이다. 그저 외관상 '엄마표'라고 하는 제목이 붙다보니 좀 더 교감하는 것 같고, 멋있어 보일 뿐이다. 나는 그냥 자유롭게 아이들과 집에서 같이 노는 것뿐이다.

매일 아침 아이와 유치원 차를 타러 가면서 대화를 나눈다.
"오늘은 뭐하고 싶어?"
아이에게 오늘 할 「엄마표 놀이」에 대한 우선권을 준다. 그러면 엄마와 같이 놀이하더라도 주도권은 아이가 가지게 되는 것이다. 나는 아이가 원하는 것을 준비하고 아이가 돌아와서 같이 놀기만을 기다리면 된다. 초반에는 '오늘은 뭘 해야 하지?' 라는 고민에 빠져서 놀이 계획을 짜는데 스트레스를 받기도 했다. 스트레스로 아이와 노는 것이 의무적이 되어버린다고 느낀 순간 나는 이렇게 매일 아침 아이에게 그날 하고 싶은 놀이를 묻기로 했다. 놀이라는 공간에서 스트레스는 갖지 말아야 한다. 엄마가 편해야 아이도 편하다.

아이가 먼저 손 내밀기 전에 내가 먼저 손을 내밀어서 아이에게 다가가는 방법을 찾아보자. 아이는 분명 엄마의 손을 잡고 싶어 할 것이다.

배드민턴 놀이

info

난이도 : ★★★☆☆

재료 : 플라스틱 공, 고무줄, 비닐, 스타킹, 마끈
대상 연령 : 6~8세

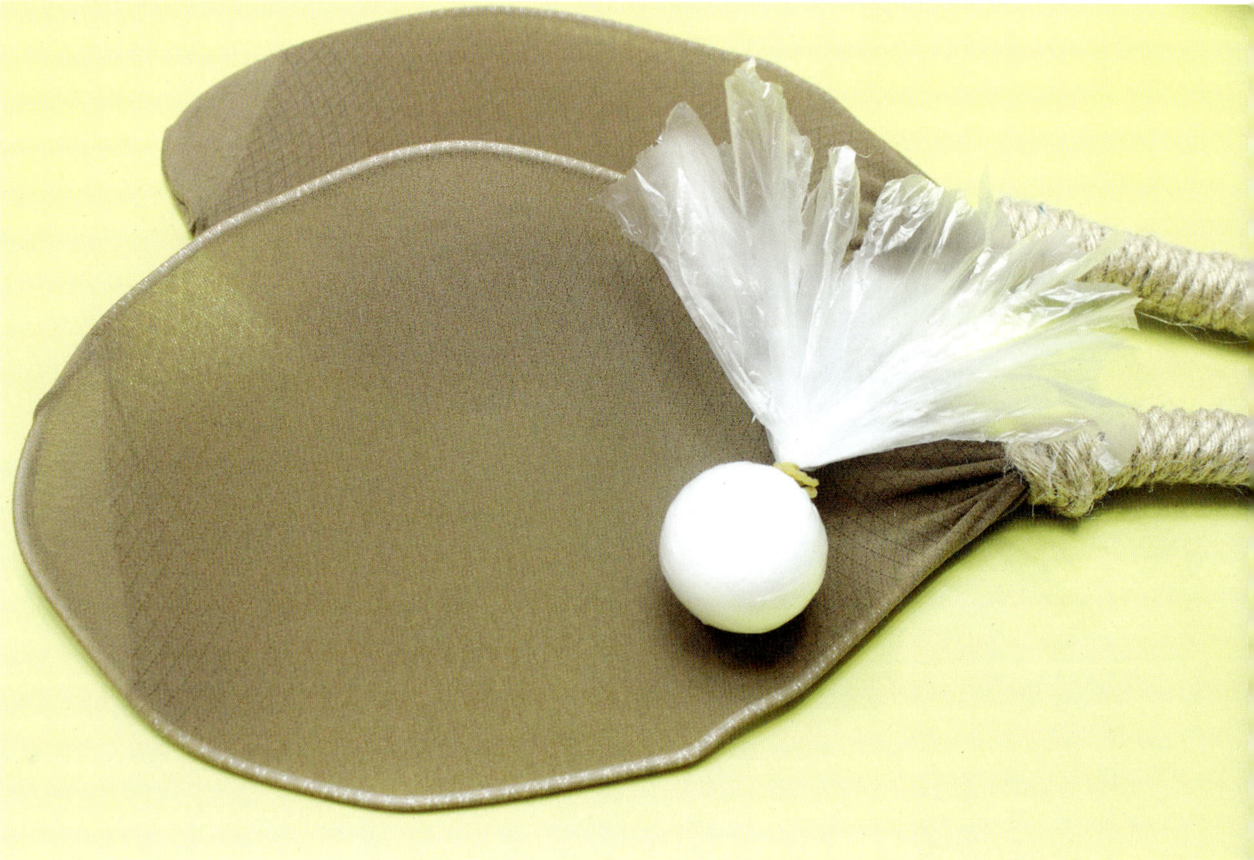

Science
배드민턴 셔틀콕은 약한 바람의 방향에도 움직임이 달라지기 때문에 속도의 변화를 느껴볼 수 있다.

Technology
서로 주고 받는 배드민턴 놀이도 좋지만 혼자서 중심을 잡고 공을 튀겨보면서 중심 위치를 알 수 있다.

how to

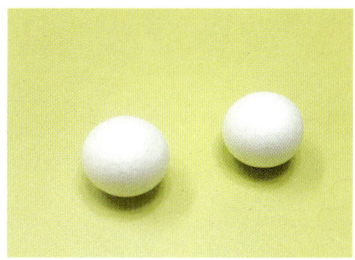

1. 둥근 플라스틱 공을 준비해서 비닐에 감싸 줍니다.

2. 1번의 공에 고무줄을 묶어 줍니다.

3. 비닐부분을 깃털모양처럼 가위로 잘라 주세요.

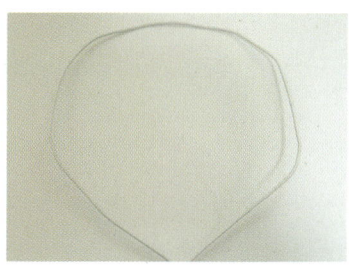

4. 옷걸이를 둥글게 돌려 준비합니다.

5. 4번 준비된 재료에 스타킹을 씌웁니다.

6. 손잡이가 될 부분을 마끈으로 묶어 만들어 줍니다.

7. 완성된 놀잇감을 이용해 놀이를 즐깁니다.

생활 축구공 만들기

info

난이도 : ★★★☆☆

재료 : 택배 비닐, 색종이, 양면 테이프, 가위, 박스 테이프
대상 연령 : 3~5세

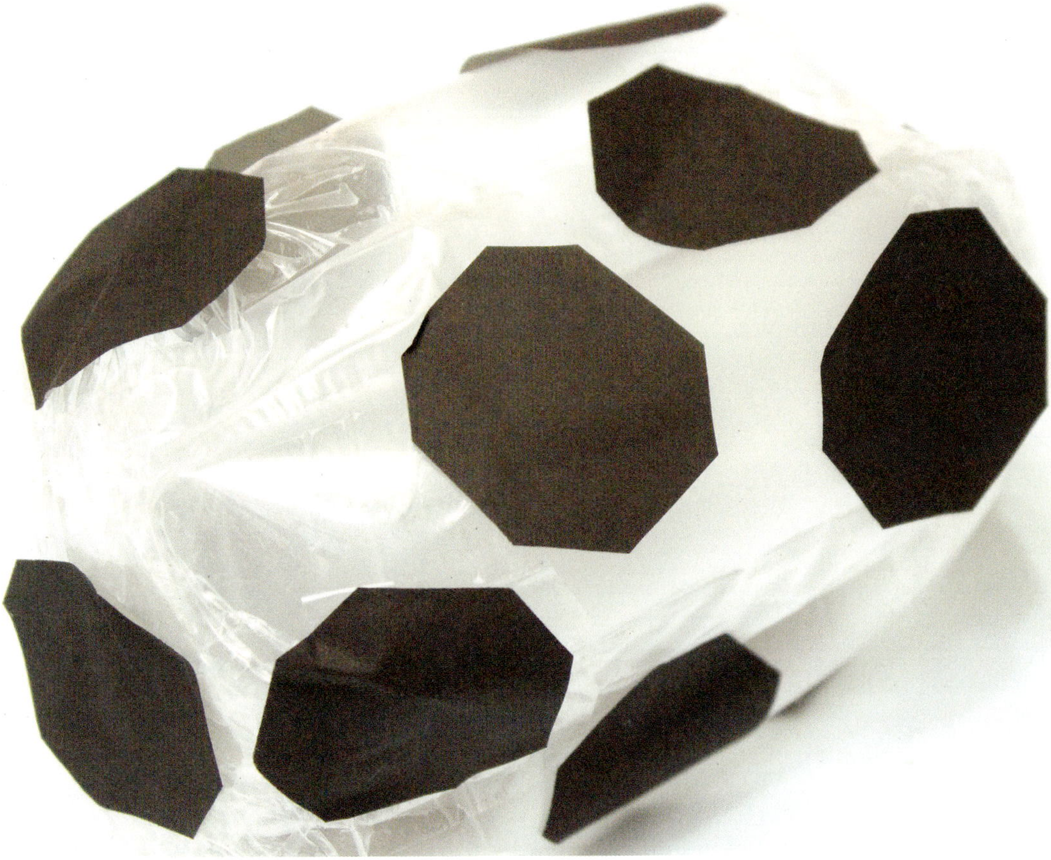

Science
택배 비닐 안 공기의 원리를 알고 공기를 통해 충격을 완화 시켜주는 택배 비닐의 쓰임새를 알 수 있다.

Art
축구공의 패턴을 알아 보고 꾸며 본다. 야구공, 축구공, 농구공, 배구공 등 각각의 패턴을 비교해 본다.

how to

1. 택배 비닐을 만져보며 아이들이 공기가 들어 있는 택배 비닐을 느껴볼 수 있도록 해 주세요.

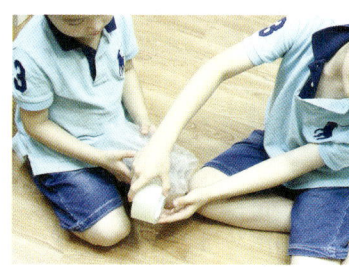

2. 택배 비닐을 돌돌돌 말아주세요.

3. 마무리 부분을 테이프로 고정시켜 주세요.

4. 축구공 모양의 패턴을 색종이로 잘라서 양면 테이프로 붙여 주세요.

5. 신나게 아이들과 축구놀이!

우 정

아이들은 서로의 자극제가 된다

결혼을 하고 첫아이가 생기고 곧 둘째 계획을 세웠었다. 키울 때 한 번에 키우는 게 좋을 것 같았기 때문이다. 그리고 첫 아이가 돌이 지나고 계획대로 둘째가 생겼다. 그런데 임신을 하고부터 첫 아이가 매일 징징거리면서 엄마한테 매달려 떨어질 생각을 하지 않는 것이었다. 아이에게 동생이 생기면 어떻겠냐고 물어봐도 무조건 싫다는 듯 쌩하고 고개를 돌려버렸다. 정말 인연이 아니었을까?
얼마 후 유산이 되어버렸다.
하염없이 눈물만 흐르고, 내 잘못인 것처럼 생각되며 후회스러운 것들만 떠올랐다. 영양가 있는 음식을 좀 더 챙겨먹을걸, 그냥 무리하지 말고 좀 쉴 걸. 유산 후 몇 주가 지나자 첫 아이는 동생이 없어졌다는 것을 알아채기라도 한 듯 예전으로 돌아왔다. 엄마한테 매달리지도 않고, 평소대로 잘 놀고, 잘 먹고, 잘 웃고. 참 신기했다. 아이를 가지려고 마음먹으면 더 어렵다는 말에 마음을 비우고 있었는데 곧 다시 둘째 소식이 찾아왔다.

그런데 이번에는 첫째가 엄마한테 보채지도 않고 뱃속에 동생이 있다고 알려주면 안아주고 뽀뽀해주며 한껏 예뻐해 주는 것이 아닌가? 소름이 끼칠 정도로 신기했다. 뱃속에 있을 때부터 동생에 대해 인식하게 해주어서 인지 큰아이는 지금까지도 동생을 때리거나 꼬집지 않았다.

3~5분 내외의 작은 말다툼이 전부였다. 그러다가도 돌아서면 같이 웃고 늘 함께 놀 수 있는 친구가 되었다.

교구 놀이도 같이 하고, 「엄마표 놀이」도 같이 하고, 책도 같이 읽고. 하지만 둘이 같이 한다고 똑같이 배우고, 같은 것을 느끼는 것은 아니었다. 아이 각각의 기질에 따라 받아들이는 영역과 크기가 다를 수밖에 없었다. 하지만 둘이 함께여서 궁금한 것은 서로에게 묻기도 하고 경쟁하듯 배워갈 수 있었다.

형이 한자 공부를 하고 있던 모습을 옆에서 지켜보던 둘째는 어느 순간 한자를 눈에 익히고 어느 날부터는 형 뒤에서 한자를 읽기 시작했다. 정말 환경이 무섭구나 싶으면서도 형 공부만 봐주는 것이 내심 부러웠나 싶었다. 그래서 둘째도 같이 한자 공부 놀이를 시작했다. 며칠 후 한자 시험을 앞두고 큰 아이가 책상에 앉아서 책을 보고 있었다. 낮잠을 자고 일어난 둘째는 형을 보더니 눈도 제대로 못 뜬 채로 형 옆에 앉아서 같이 한자책을 보는 것이 아닌가! '아!' 하는 깨달음이 스쳤다.

두 아이는 어느 새 친구이자 경쟁자로 서로의 자극제가 되어버린 것이다. "공부해."라는 말로는 절대 비교할 수 없는 건강한 자극제. 처음엔 서로 질투하고 싸우기도 하지만 아이들은 자라면서 저절로 친구가 되고 서로의 자극제가 된다.

물풍선 열매

info

난이도 : ★★★☆☆

재료 : 물풍선, 모루, 압핀, 실, 물, 테이프
대상 연령 : 4~8세

STEAM

Science
풍선이 터질 때 찔리는 지점을 중심으로 대칭으로 찢겨나가는 원리를 알 수 있다.

Art
풍선으로 아이들만의 나무를 꾸밀 수 있다.

Mathematics
물의 양에 따른 풍선의 무게를 비교하며 무게에 대한 양감을 키운다.

how to

1. 물풍선을 준비합니다.

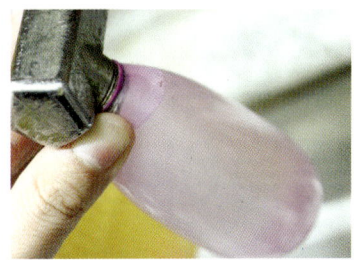

2. 풍선에 물을 채워서 묶어 줍니다.

3. 마스킹 테이프를 욕실벽면에 붙여서 나무 줄기를 만들어 줍니다.

4. 모루에 압핀을 꽂아서 던질 수 있도록 만듭니다.

5. 물풍선을 실로 묶습니다.

6. 테이프로 꾸민 나무줄기에 물풍선 열매를 붙여 줍니다.

7. 간격을 조절해서 물풍선 열매를 화살로 맞춰 봅니다.

우유통
물놀이

info

난이도 : ★★★☆☆

재료 : 플라스틱 우유통, 탁구공, 못, 펜치
대상 연령 : 2~4세

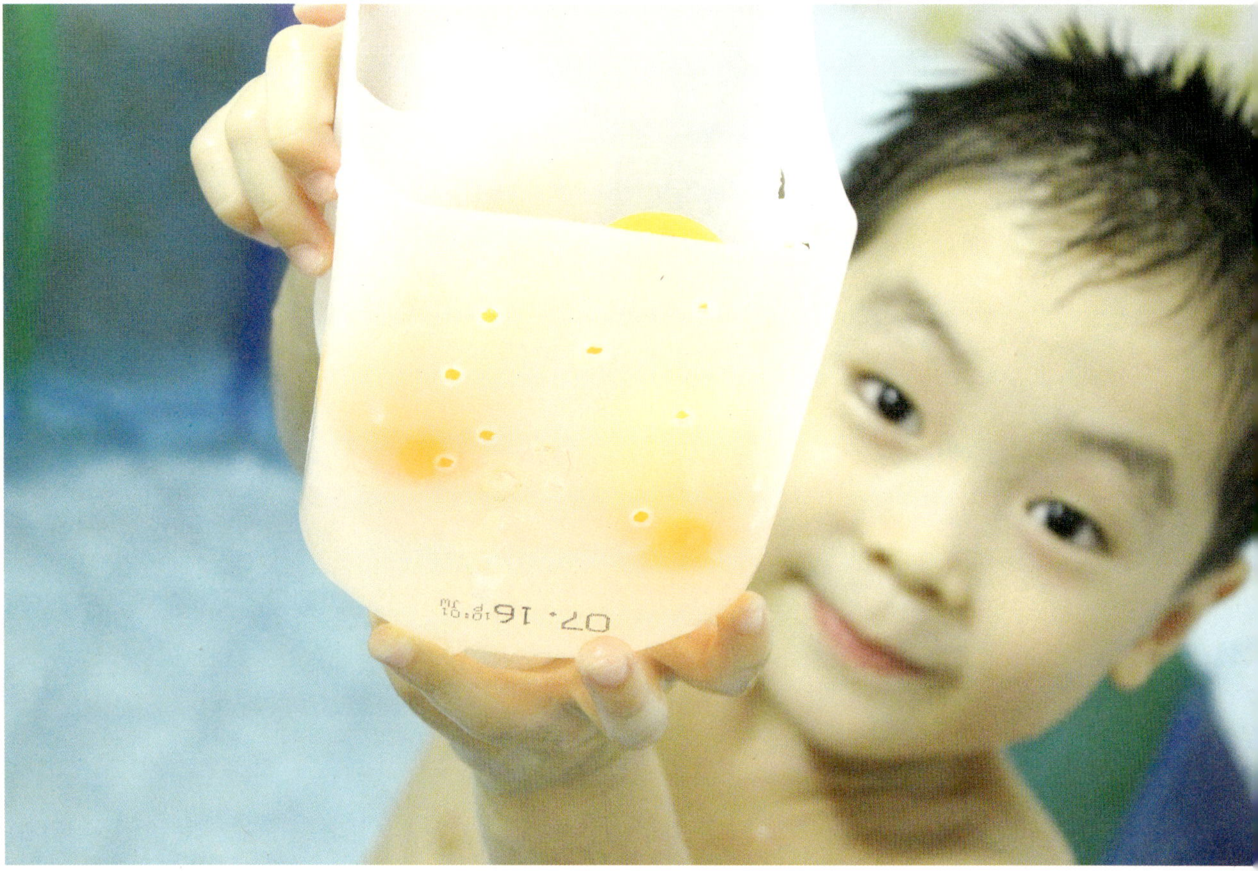

Science
물이 구멍 사이로 빠지면서 구멍보다 큰 탁구공만 우유통에 걸러지는 원리를 이해할 수 있다.

Engineering
도구를 사용해 물 위에 떠 있는 탁구공을 한 번에 더 많이 잡을 수 있다.

how to

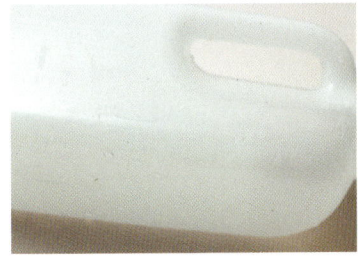
1. 플라스틱 우유통을 준비합니다.

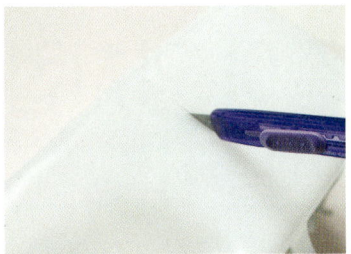
2. 칼을 사용해서 우유통을 반으로 자릅니다.

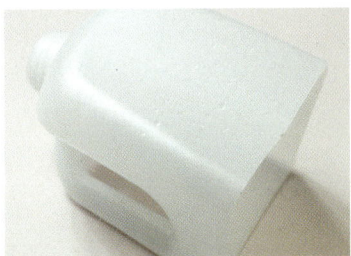
3. 손잡이가 달린 윗부분만 활용합니다.

4. 도구를 이용해 우유통에 구멍을 내어 줍니다.

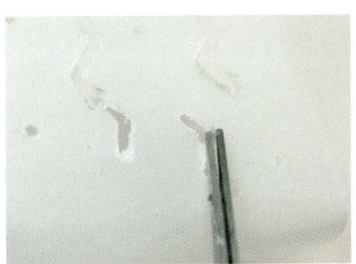
5. 울퉁불퉁한 부분은 엄마가 칼로 조심스레 다듬어 주세요.

6. 우유통 입구에 글루건으로 뚜껑을 붙여 줍니다.

7. 탁구공을 물에 띄운 후 아이들이 만든 우유통으로 잡을 수 있도록 해주세요.

종이 양치컵 만들기

info
난이도 : ★★★☆☆

재료 : 우유갑, 도형 스티커, 가위
대상 연령 : 3~8세

STEAM

Engineering
양치컵 손잡이를 이용해 편하게 사용할 수 있도록 만들어 본다.

Art
다양한 패턴을 이용해 나만의 양치컵을 꾸며 본다.

생각이 자라는
창의융합 놀이

how to

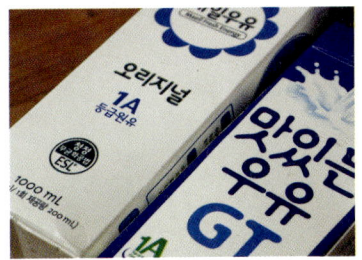

1. 우유갑을 씻어서 준비합니다.

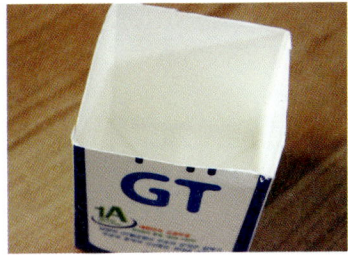

2. 우유갑 밑부분을 중심으로 컵 높이만큼 자릅니다.

3. 나머지 우유갑을 펴서 D자 모양으로 만들어 주세요. 두개가 필요합니다.

4. 안쪽도 잘라서 D자 모양이 나오도록 해 주세요.

5. D자에 손잡이가 될 수 있도록 맞대어서 네모로 자른 우유통에 붙여 주세요.

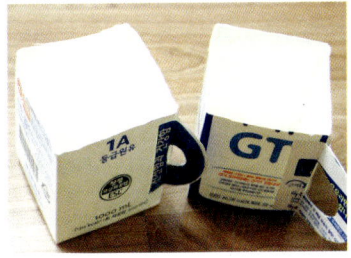

6. 컵으로 변신.

7. 도형 스티커를 이용해 아이들이 꾸며볼 수 있도록 해주세요.

8. 아이들이 만든 양치컵이라 자신감도 생기고 양치 습관도 저절로 길러질 것입니다.

겉치레

겉보다는
안으로의
더 큰 기쁨

훈이가 6살 때, 유치원에서 돌아오자마자 자랑을 하기 시작했다.

"엄마, 친구 민수는 또봇도 레고도 시리즈별로 다 있데요.
아빠 엄마가 다 사줬데요."
"우와 진짜 멋지겠다. 훈이도 갖고 싶겠네."
"아니요. 민수가 또봇을 가지고 와서 선생님께 혼났어요."
"맞아. 유치원에는 장난감 가져오면 안 되지. 그래도 그 장난감 갖고 싶지
않아?"
"뭐, 가지고 놀고 싶기도 하고, 아니기도 하고…"
"왜? 갖고 싶으면 갖고 싶은 거지, 갖고 싶기도 하고 아니기도 한 건 뭐야?"
"아~ 있어도 되고 없어도 된다는 말이에요. 민수는 아빠 엄마가 다
사주지만, 대신 저는 엄마가 놀아주잖아요. 민수네는 엄마 아빠가 바빠서
사 달라는 거 다 사주시는 거래요."
"아~ 훈이는 엄마랑 노는 게 좋아?"
"네!"

마지막 짧은 한 마디. 아이는 그냥 무심코 내뱉은 말일지
모르겠지만 그 말에 눈물이 났다. 민수의 장난감이 멋지기는 하지만
우리는 우리만의 다른 무언가가 있다는 것을 아이도 느끼고 있다는 것에

눈물이 났다. 남들에게 눈으로 보여주고 자랑할 수 있는 것은 없지만 **아이와 나만의 놀이를 소중하게 여길 줄 아는 아이의 말과 마음이 너무 고마웠다.**

아이가 자라면서 계속 겉치레에 흔들리는 순간들이 있을 것이다. 그때마다 아이가 흔들리지 않기를 바랄 뿐이다.
엄마는 큰 것보다는 작은 것, 겉보다는 속내에 더 큰 기쁨을 느낄 수 있는 사람이 되길 진심으로 바란다.

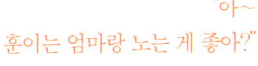
"아~
훈이는 엄마랑 노는 게 좋아?"
"네!"

설탕그림

info

난이도 : ★☆☆☆☆

재료 : 각설탕, 물, 물을 담을 수 있는 접시, 색연필, 분무기, 키친타월
대상 연령 : 3~7세

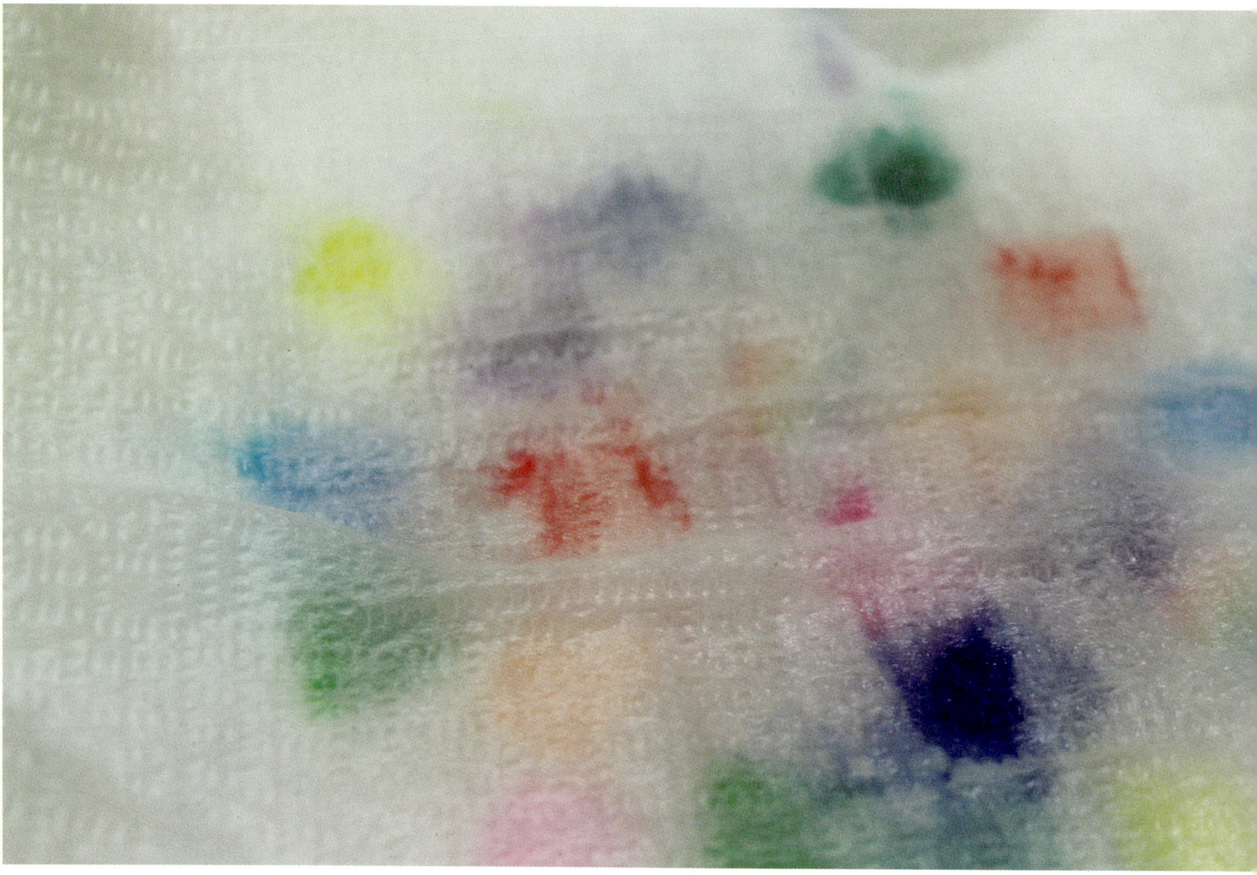

Science
휴지의 번짐 현상과 모세혈관의 원리를 적용해서 이해할 수 있다.

Mathematics
설탕의 다양한 색감과 개수에 따라 설탕 그림이 다르게 나타날 수 있다.

how to

1. 각설탕을 준비합니다.

2. 각설탕에 알록달록 색연필로 색을 입혀 주세요.

3. 접시 위에 색을 입힌 각설탕을 가지런히 올려놓습니다.

4. 접시에 물을 담아 주세요.

5. 키친타월을 덮어 주세요.

6. 키친타월 위에 분무기로 물을 뿌려 주세요.

7. 키친타월이 점점 변화되는 과정을 지켜봅니다.

조개 화석

info
난이도 : ★★★★☆

재료 : 석고가루, 조개, 젓가락, 그릇, 물, 지점토, 물감
대상 연령 : 4~8세

STEAM

🧪 Science
화석을 만들어 보면서 퇴적암에 대해서 알 수 있다. 동물 등 생물은 죽게 되면 퇴적물이 쌓이게 되고 열과 압력에 따라 퇴적암이 되면서 화석으로 만들어진다.

📐 Mathematics
화석을 직접 만들어 보면서 조개의 크기와 부피를 측정해본다.

how to

1. 조개를 깨끗이 씻어 준비합니다.

2. 빈그릇에 지점토를 채워 주세요.

3. 조개를 콕콕콕 눌러 담습니다.

4. 석고가루를 물과 섞어서 걸쭉하게 만들어 놓습니다.

5. 석고 반죽에 물감을 섞어 줍니다.

6. 3번에 석고 반죽을 부어 주세요.

7. 석고 반죽이 굳어지면 지점토를 뜯어내고 조개화석을 관찰해 보세요.

배려

참관 수업에서
생긴 일

아이가 초등학교에 입학하면서 걱정이 많았다. 유치원에서는 아이에게 맞춰주고 아이를 보살펴주었지만, 학교에서는 엄격한 규칙을 가지고 그 안에서 아이가 스스로 적응해야 할 텐데 달라진 환경에 아이가 잘 적응할 수 있을지 걱정에 걱정이 쌓여갔다. 걱정을 하고 있을 즈음 학교에서 참관 수업이 있음을 알려왔다. 직접 학교에 가서 아이가 학교생활하는 모습을 보면 아이가 잘 적응하고 있는지 알 수 있을 테니 너무나 반가운 소식이었다. 아이는 당일 아침 늦지 말라고 신신당부하며 먼저 학교로 향했다. 내가 참관 수업을 반가워하는 만큼 아이도 엄마가 학교에 와서 자신의 학교생활을 본 다는 것이 설레는 모양이었다.

참관 수업에서는 아이들이 둘 씩 짝지어 앉아 수업을 듣는 모습, 선생님 말씀에 따라 모둠 수업으로 진행하는 모습을 볼 수 있었다. 모둠 수업은 4명 정도의 아이들이 한 모둠이 되어서 이야기하며 함께 수업의 활동 문제를 해결하는 것인데, 서로 얼굴을 볼 수 있도록 각자 자기 책상과 의자를 돌려서 ㅁ자로 만들어야 모둠 수업을 진행 할 수 있었.

아이는 능숙하게 자기 책상을 움직여 자신의 자리를 정리했다. 그런데 그리고는 바로 자기 자리에 앉지 않고 자기 모둠의 여자 친구에게 다가갔다. 친구의 책상에 의자가 걸려서 움직이지 못하고 허둥대고 있는 것을 아이가 보고 먼저 다가갔던 것이다.

아이는 책상에 걸린 의자를 빼고는 책상과 의자를 움직여 모둠 자리를
만드는 것까지 도와주었다.

아이가 왜 그 친구에게 갔는지 너무 궁금했다. 혹시 그 아이에게
호감을 가지고 있는 건가? 궁금함을 참지 못하고 아이에게 질문했다.
"재현아, 그 여자 친구한테 왜 갔어? 혹시 그 여자 친구 좋아하니?"
장난기가 가득한 엄마의 질문에 재현이는 대수롭지 않다는 듯 대답했다.
"엄마, 모둠을 빨리 만들어야 하는데 친구가 힘들어 하는 걸 봤어. 그래서
도와준 거야."

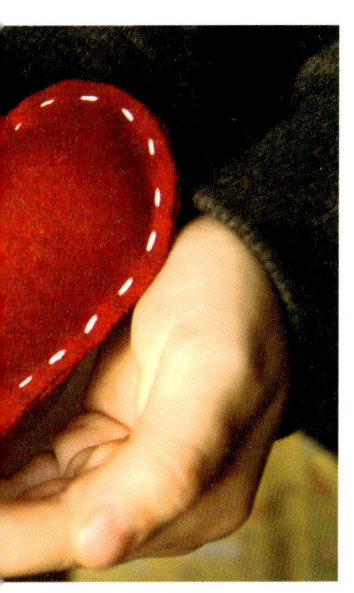

재현이의 대답에 깜짝 놀랐다. 나는 이유가 있는 행동이라고
생각했는데, **아이는 정말 순수한 마음으로 곤란한 친구를
배려하여 호의를 베푼 것이다.** 참관 수업 동안 수업 내용에 집중하고,
열심히 필기했던 아이의 태도보다, 선뜻 친구를 도와줬던 아이의 행동이
너무 기특했다.

주변의 누군가가 힘들 때 선뜻 도와주는 것이 배려이다. 배려할
줄 모르는 사람에게는 주변에 아무도 남아 있지 않게 되고 결국 혼자
살아갈 수밖에 없다. 하지만 사회를 혼자 살아 갈 수는 없다.
그래서 '나 먼저'가 아니라 '남을 먼저' 배려할 줄 아는 마음이 무엇보다
중요하다. 그런 의미에서 재현이는 오늘 사회에 적응하기 위해 중요한
'배려'라는 것 하나를 배웠다.

솜사탕 아이스크림

info
난이도 : ★★★☆☆

재료 : 솜, 일회용 종이컵(일회용 아이스크림통), 스푼, 파스텔, 스케치북, 스티커
대상 연령 : 5~8세

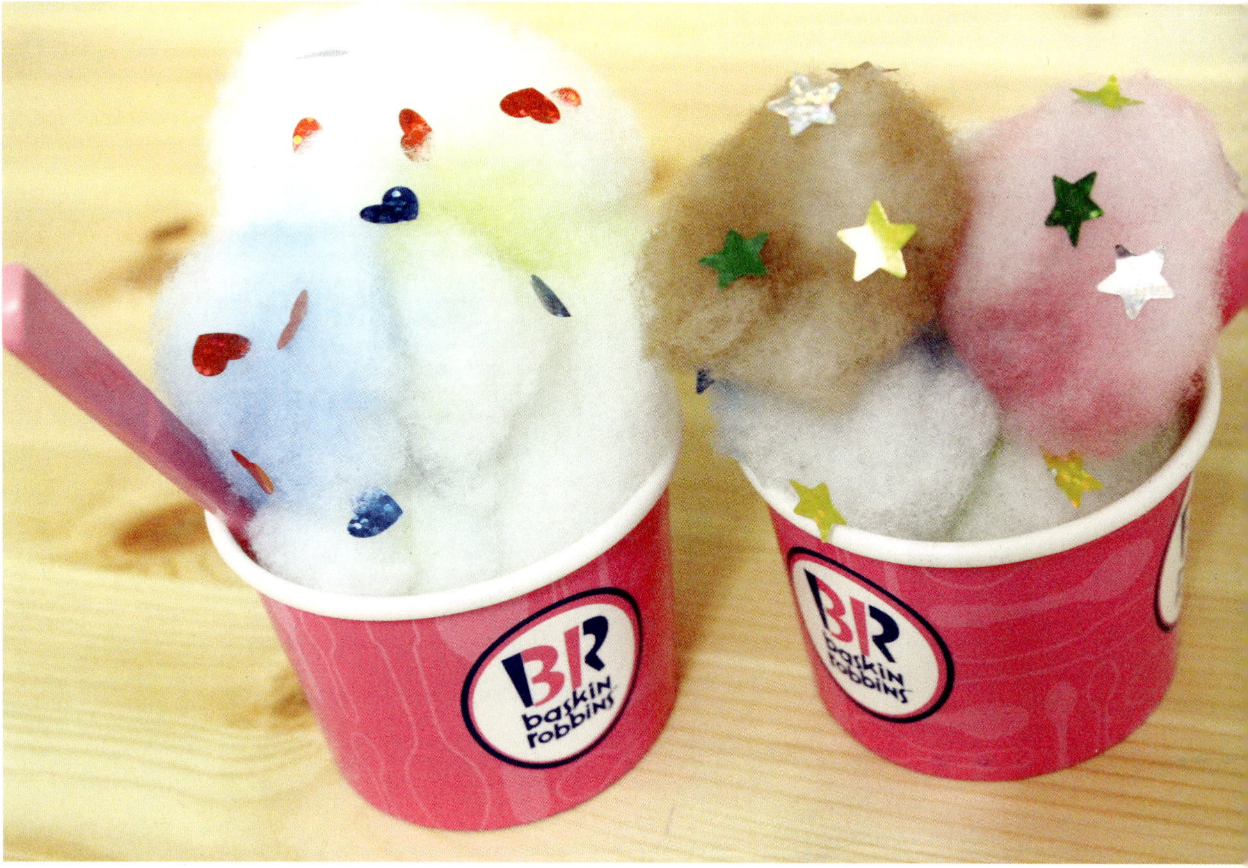

Science
솜에서 파스텔 색이 변하는 과정을 이해할 수 있다.

Mathematics
솜의 촉감을 느껴보고 통 안에 솜을 넣어 부피변화를 알아본다.

how to

1. 솜을 뜯어 보며 솜의 느낌을 알아보세요.

2. 스케치북 위에 파스텔을 칠한 후 뜯어 놓은 솜을 문질러 줍니다.

3. 다양한 색으로 솜을 표현해 주세요.

4. 일회용 아이스크림통이나 종이컵과 스푼을 준비합니다.

5. 파스텔로 물들여 놓은 솜을 컵에 올려 놓습니다.

6. 솜 위에 스티커를 붙여 줍니다.

7. 아이스크림을 먹는 흉내를 내보며 즐겨 보세요.

생일 파티 모자

info

난이도 : ★★★☆☆

재료 : 스티로폼 장식재료, 일회용 종이 접시, 가위, 스티커
대상 연령 : 3~7세

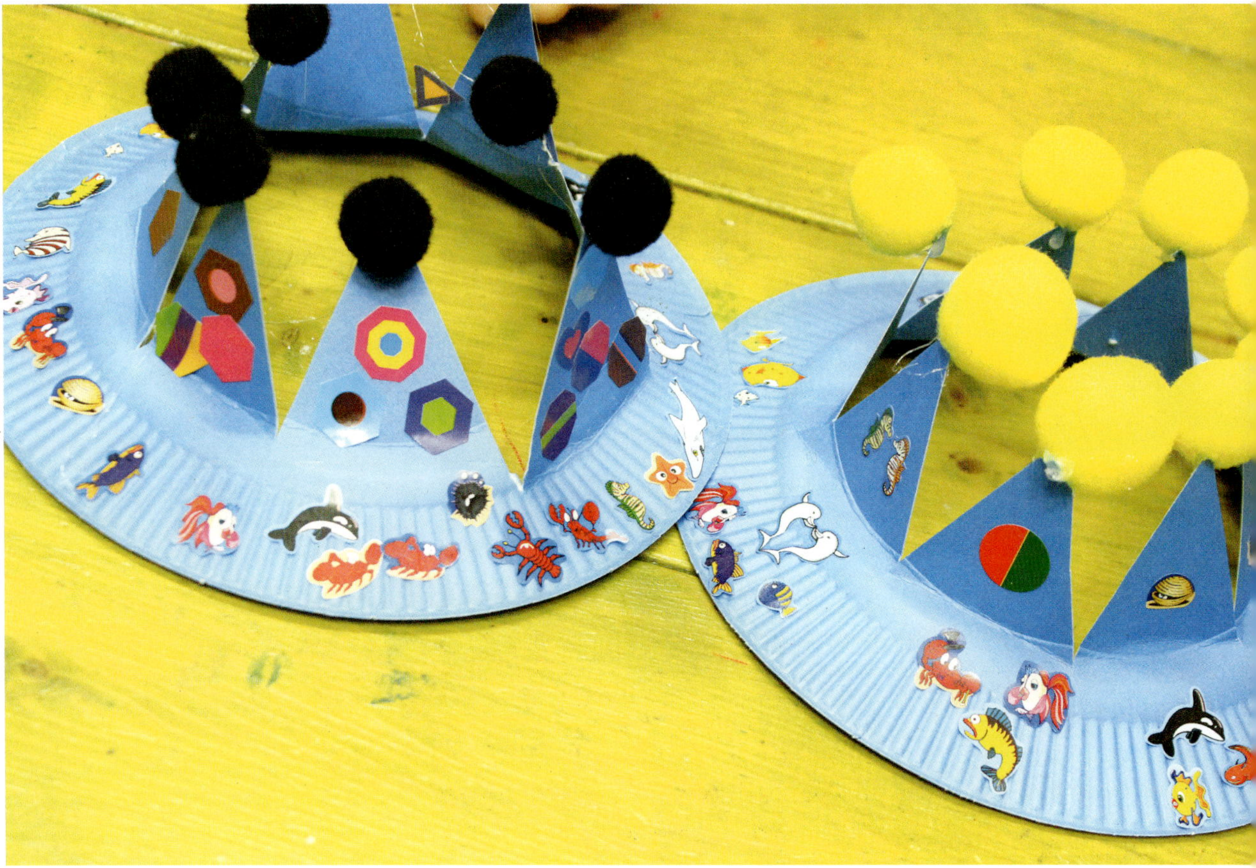

Technology
일회용 종이 접시를 이용해 모자를 만들어 보고, 직접 착용해 보면서 머리에서 흘러 내리지 않게 하는 원리와 균형에 대해 이해할 수 있다.

Mathematics
종이 접시를 똑같은 크기로 자르는 활동을 통해서 분수의 개념을 이해하고, 뾰족하게 잘린 종이접시의 모양을 관찰하면서 각의 개념을 이해한다.

how to

1. 일회용 종이 접시를 준비합니다.

2. 가위로 종이 접시 가운데를 5~6등분 해 주세요. 끝에 10cm정도 남기고 자릅니다.

3. 2번에서 자른 일회용 종이 접시를 세모 모양이 위로 올라 오도록 접어 주세요.

4. 스티로폼 장식 재료로 세모 모양 끝을 꾸며 줍니다.

5. 아이들이 좋아하는 스티커도 이용할 수 있게 해 주세요.

6. 생일파티 모자 완성!

용서

얼굴의 상처

어느 날, 어린이집에서 한 통의 전화가 걸려왔다.
아이가 하원하기 1시간 전후로 오는 전화는 분명 무슨 일이 있다는
것이라서 걱정스러운 마음으로 수화기를 들었다.
"어머님, 재훈이가 친구와 놀다가 손톱에 얼굴이 살짝 긁혔어요.
피부과에 갔다가 하원할게요. 죄송합니다."
"네? 피부과요? 많이 다쳤나요?"
"손톱으로 볼을 살짝 긁혔는데. 흉지면 안되니까 피부과에 갔다 오는 게
좋을 것 같아요."
"네, 그렇게 해 주세요."
아이가 돌아오기까지 한 시간 남짓. 왜 이리 시간이 더디게 가는지.

어린이집에서 돌아온 아이의 얼굴을 보니 딱 봐도 얼굴의
상처가 심했다. 아이들은 금방 새살이 돋는다고는 하지만 재훈이의 상처는
깊어서 상처가 남을 것 같다는 의사의 소견까지 들으니 속상함이 더했다.
하지만 아이에게 내 속상한 마음을 그대로 내보일 수는 없었다.

"훈아 괜찮아?"
"응 엄마."
"친구랑 싸운 건 아니지?"

"아니야 엄마. 놀다가 이렇게 됐어."
"그럼 다행이네. 약 발라줄게. 친구는 혹시 다치지 않았니?"
"응, 엄마"
"다행이네. 일부러 친구가 싫어서 때리거나 할퀴는 건 잘못한 거지만, 놀다가는 실수로 다칠 수도 있어. 그러니까 그럴 땐 서로 미안하다고 얘기해야해."
"응, 엄마. 친구가 미안하다고 하고 볼에 호~도 해줬어."
"착한 친구네, 그치? 훈이가 다친걸 보고 친구도 많이 놀랐을 거야. 그 친구를 미워하면 안 돼."
"응 엄마. 내일도 같이 놀기로 했어."
"그래. 이제는 좀 더 조심하면서 놀면 되는 거야."

3년의 시간이 지난 지금도 훈이의 한 쪽 볼에는 그 상처의 흔적이 약간 남아 있다. 아이의 얼굴에 상처가 났는데 속상하지 않은 엄마가 어디 있겠는가? 어린이집 선생님께 전화해 상대 엄마의 전화번호를 알아서 어떻게 아이 손톱도 안 깎이고 유치원에 보냈는지, 어떻게 놀아서 아이 얼굴에 이런 상처를 남겼는지 등등의 이야기를 하고 싶었다. 하지만 선생님께서도 먼저 사과해 주시며 빠르게 대처해 주셨고 더구나 아이 앞에서 그러고 싶지는 않았다. 이럴 땐 용서를 해야 한다고 가르치고 싶었다. 그리고 내가 용서하는 것을 보며 훈이도 옆에서 용서를 받아 주는 것이 무엇인지 간접적으로 배울 수 있을 것이라 생각했다.
아이들은 또 그러면서 크는 것이 아닌가.

바게트 기차

info

난이도 : ★★★★☆

재료 : 고구마, 마요네즈, 방울 토마토, 꼬치용 나무 꼬치, 브로콜리, 계란, 햄, 소금 약간, 바게트 빵

대상 연령 : 3~7세

STEAM

Art
다양한 야채와 빵을 만져 보고 맛을 느껴 볼 수 있다.

Mathematics
바게트 빵을 여러 조각으로 균등하게 나누어 보면서 양감을 기르고 분수의 개념을 이해한다.

how to

1. 고구마와 계란을 삶아 으깨 주세요. 햄은 잘게 잘라 준비해 줍니다.

2. 으깬 재료에 마요네즈를 넣습니다.

3. 바게트 빵을 4등분 해 줍니다.

4. 바게트 빵 속을 파 줍니다.

5. 으깬 샐러드를 바게트 빵 속에 채워 주세요.

6. 꼬치에 방울 토마토를 끼워 바게트 빵에 바퀴처럼 꽂아 줍니다.

7. 붕붕~ 기관차가 되어 가고 있네요.

8. 브로콜리 등으로 증기 기관차를 표현해 보세요.

찬밥 도넛

info

난이도 : ★★★★☆

재료 : 찬밥, 야채, 계란물, 소금 약간, 도넛 메이커, 숟가락

대상 연령 : 3~7세

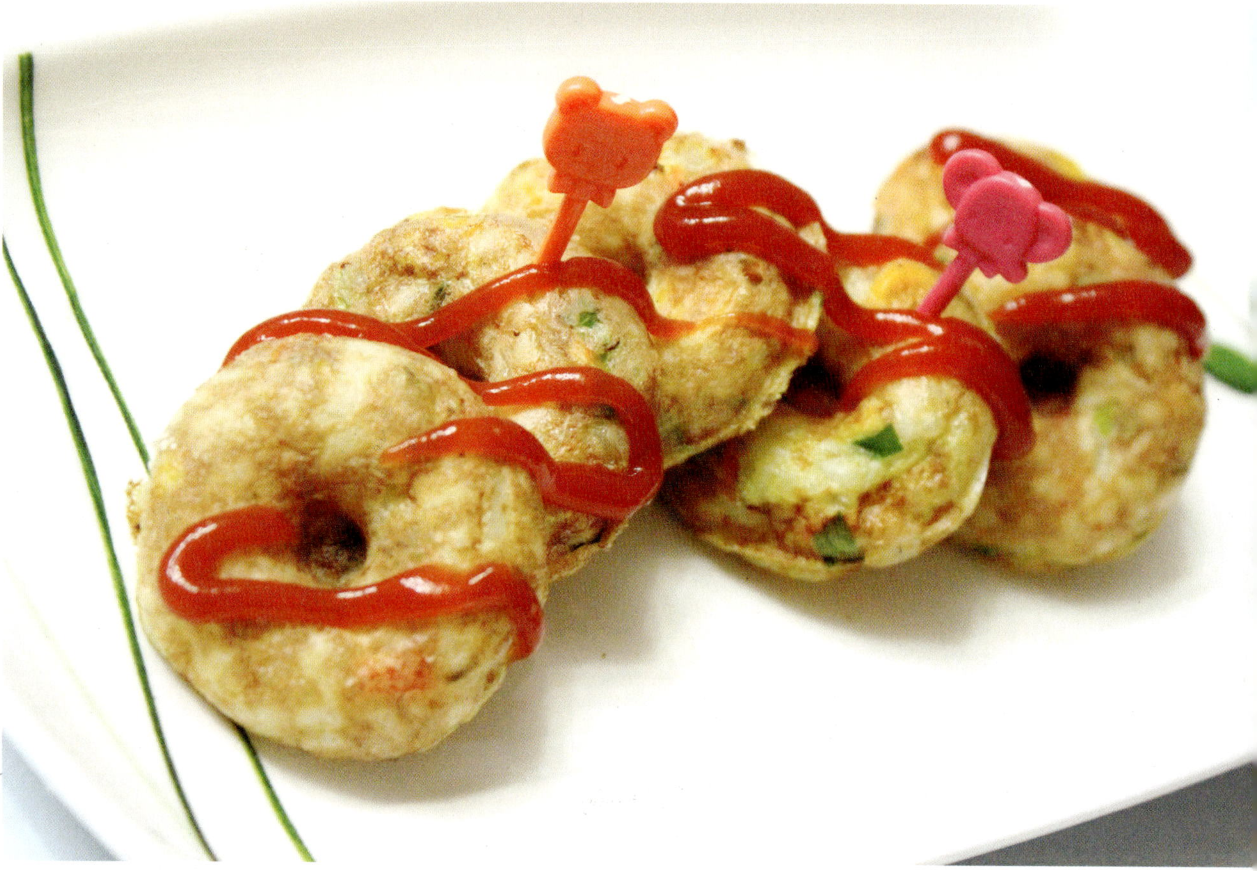

🍱 Science
도넛 모양틀에 구워 보면서 도넛의 수를 세어보기도 하고, 재료들이 구워지면서 음식이 익어가는 과정도 알 수 있다.

🎨 Art
다양한 재료를 만져 보면서 각각의 특징을 알아 볼 수 있다.

how to

1. 야채를 준비해서 다져 주세요.

2. 다진 야채에 계란을 풀고 찬밥을 넣어 줍니다.

3. 재료가 잘 섞이도록 섞어 주세요.

4. 반죽을 스푼으로 떠 보면서 살펴 봅니다.

5. 도넛 메이커 위에 반죽을 넣어 주세요.

6. 찬밥 도넛 완성!

7. 아이와 같이 냠냠!! 맛있게 만들고 같이 먹어 보세요.

생크림 컵케이크

info

난이도 : ★★★★☆

재료 : 투명컵, 생크림, 과일, 카스테라 빵
대상 연령 : 5~8세

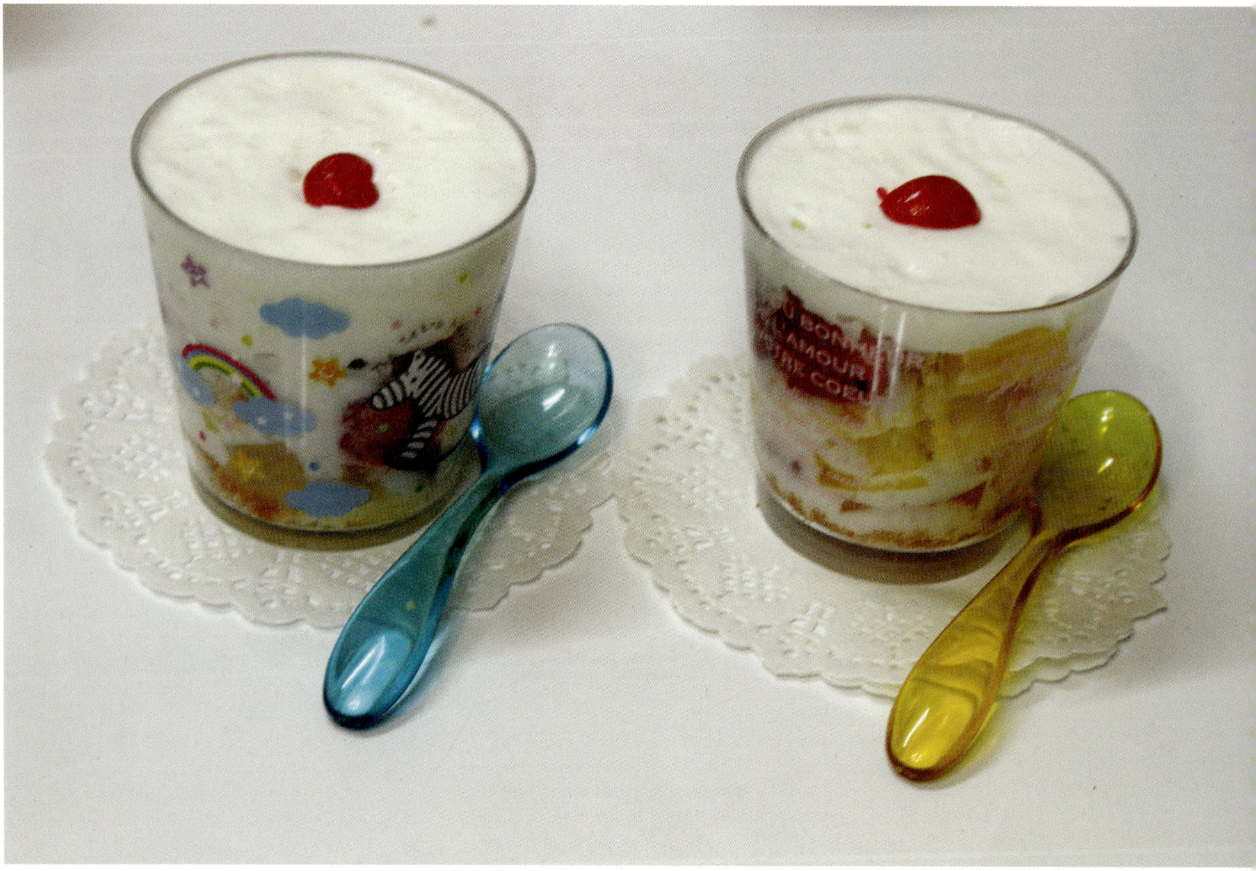

Technology
카스테라 빵이 과일과 생크림에 흡수되면서 더욱 더 촉촉해진 모습과 맛을 느낄 수 있다.

Mathematics
카스테라, 과일, 생크림 순으로 규칙에 맞게 쌓을 수 있으며, 순서는 아이들이 만든 규칙을 적용해 반복적으로 쌓아 만들어 본다.

how to

1. 카스테라의 옆면을 잘라 줍니다.

2. 컵 안에 잘라진 카스테라를 넣고 생크림을 살짝 올려 주세요.

3. 과일을 올려 줍니다.

4. 다시 카스테라를 올려주고 생크림 과일순으로 올려 주세요.

5. 몇 번을 반복적으로 올려준 후 컵이 가득 차면 생크림으로 마무리합니다.

갈 등

더러운 건
못참아~
욕실에서 놀자

「엄마표 놀이」가 좋다는 건 수많은 책과 방송에서 늘 강조하는 내용이다. 그리고 늘 그걸 보면서 고개를 끄덕이며 꼭 아이들에게 한 번 해줘야겠다는 다짐을 했다. 하지만 뒤돌아서면 금방 평소 나의 모습으로 돌아왔다. 아이들과 놀아주고 싶지만 재료도 준비해야 하고 손재주도 없어서 막막하기만 했기 때문이다. 그런데 아이와 미술 놀이를 할 수 있는 것이 꼭 미술 전공자여야만 하는가 라는 생각이 들었다. 아이를 낳는데 전공자가 따로 있는 것이 아닌데 말이다. 그냥 내 아이들의 엄마이기에 '엄마표'를 떠올렸고, 실현하게 된 것이다.

엄마가 정말 손재주가 많아서 멋진 작품을 만들어주면 좋겠지만 「엄마표 놀이」는 엄마를 위한 것이 아니라 아이를 위한 것이다. 엄마가 잘 만들어야 하는 것이 아니라 엄마는 아이와 함께 만들고, 아이가 표현하려는 것을 잘 실현할 수 있도록 옆에서 돕는 조력자일 뿐이다. 시도도 해보지 않고 '난 손재주가 없어.' '놀이 하고 집은 언제 다 치워?' 등등 할 수 없는 이유만 생각해서는 안된다. 그리고 꼭 '놀이'만 아이에게 도움이 되는 것은 아니다.

아이와 함께 생각을 나눌 수 있는 시간을 보내는 것이 중요한 것이다. 책을 읽는 시간, 밥을 먹는 시간, 함께 이야기 하는 시간 등등 함께 시간을 보내는 것으로 충분하다.

엄마표 놀이...
책을 읽는 시간,
밥을 먹는 시간,
함께 이야기 하는 시간 등등
함께 시간을 보내는 것으로
충분하다.

엄마마다 아이와 함께 시간을 보내는 방법은 다 다르다. 우리 아이는 무뚝뚝한 성격이어서 유치원에서 있었던 이야기도 잘 안하고, 평소에 말도 잘 안하는 스타일이라서 놀이를 통해 자연스럽게 이야기하게 하고 싶었다. 그래서 내가 찾은 것이 놀이였다. 사람마다 '엄마표'를 시작한 계기도, 방법도, 효과도 모두 다를 것이다. **정답은 없다. 아이와 내가 맞추어 가는 것이다.**

밀가루나 물감 놀이를 하다보면 활동량이 많은 아이들이 놀이한 흔적이 집안 가득 차게 된다. 엄마는 '이정도만 하겠지.'라고 생각했지만, 아이들은 그 이상을 해낸다. 그리고 그걸 치우는 엄마는 한숨이 푹푹 나온다. '내가 왜 이걸 하게 해줬을까. 다신 해주나 봐라.' 기분 좋게 엄마표로 시작했더라도 끝이 힘들면 더 지치기 마련이다. 힘들다고 느껴질 때는 포기하지 말고 다른 방법을 찾아보자.

내가 떠올린 건 욕실! 엄마가 치우기 편하니 좋고, 아이들을 더 마음껏 놀 수 있게 해주니 아이들에게도 좋다. 더불어 아이들이 놀고 난 후에 아이들 샤워와 욕실 청소까지 할 수 있으니 일석 사조가 아닌가! 놀이가 꼭 방일 필요는 없다. 욕실에서도 놀아보자!!

샤워기 만들기

info

난이도 : ★☆☆☆☆

재료 : 종이컵, 일회용 그릇, 볼펜
대상 연령 : 6~8세

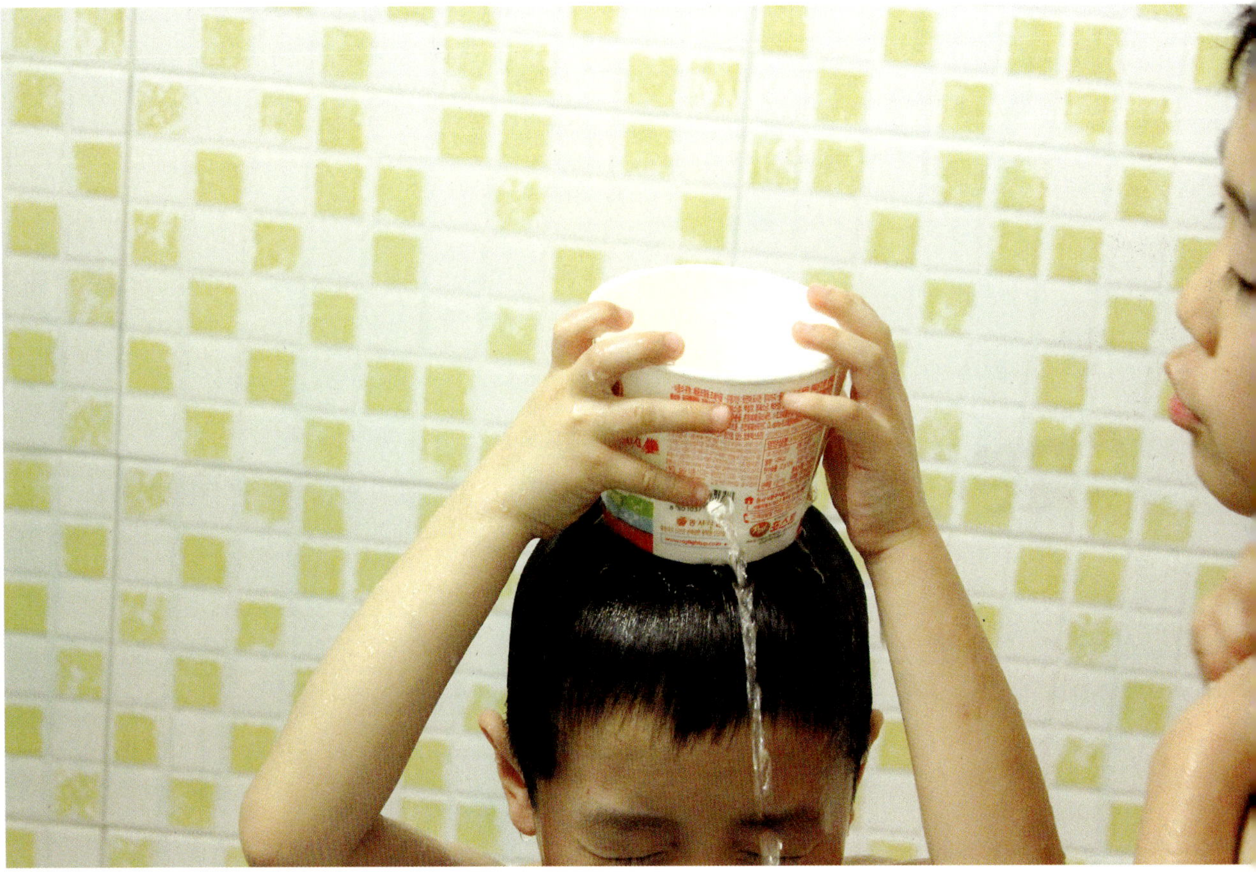

Technology
구멍의 크기 비교와 구멍의 개수에 따라 물이 떨어지는 속도와 세기의 차이를 느낄 수 있다.

Engineering
물이 떨어지는 방향을 조절할 수 있다.

how to

1. 종이컵이나 조금 넓은 일회용 그릇을 준비해 주세요.

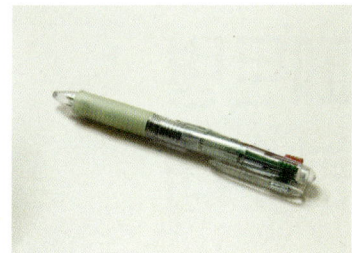

2. 볼펜을 준비합니다.

3. 그릇 밑바닥을 볼펜으로 콕콕 찔러 주세요.

4. 처음엔 구멍을 얇게 뚫어 봅니다.

5. 구멍을 얇게 뚫었으면 물을 부어 보고 물이 떨어지는 것을 보세요.

6. 구멍을 조금더 크게해서 물을 부어 보고 아까와 어떻게 다른지 봅니다.

7. 원하는대로 구멍의 크기를 뚫어 보면서 나만의 샤워기 놀이를 할 수 있어요.

페트병 분수대

info

난이도 : ★★★☆☆

재료 : 페트병, 빨대
대상 연령 : 5~8세

STEAM

🔧 **Engineering**
빨대를 이용해서 물의 흐름과 방향을 바꿀 수 있다.

📐 **Mathematics**
빨대에 따라 곡선과 직선, 짧거나 길게 하는 등 다양하게 활용할 수 있다. 서로의 빨대를 꽂아보고 빼보고 다양하게 활용이 가능하다.

how to

1. 페트병을 준비해 주세요.

2. 중간 중간에 구멍을 뽕뽕뽕 뚫어 줍니다.

3. 빨대를 준비해 주세요.

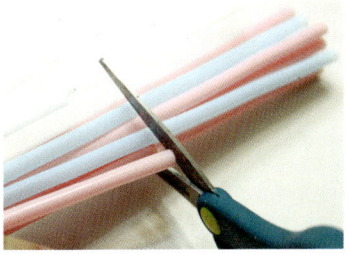

4. 빨대의 길이를 길고 짧게, 곡선과 직선 등으로 다양하게 잘라 주세요.

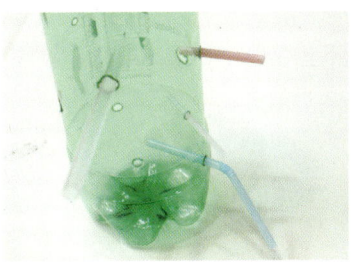

5. 페트병에 빨대를 꽂아 주세요.

6. 페트병에 물을 담고 물의 흐름을 관찰해 봅니다.

7. 보드 게임처럼 서로 꼽고 빼는 등으로 활용해 볼 수 있어요.

가족

영재의 조건
엄마의 정보력

요즘 엄마들 사이에서는 아이들을 더 똑똑하게 키우기 위해 불꽃 튀는 전쟁이 일어난다. 사교육 연령은 점점 더 어려지고, 아이는 엄마 차에 실려 김밥으로 끼니를 때우며 이 학원에서 저 학원으로 바삐 다닌다고 한다. 이렇게 해야 살아남는 것일까? 현실이 무섭고 나는 그렇게까지 해줄 수 없으니 더 두려워진다.

얼마 전까지만 해도 영재의 조건에는 '조부모의 경제력, 엄마의 정보력, 아빠의 무관심, 돈.' 이었는데 지금은 여기에 다른 것들이 더 추가되고 있다. '둘째의 희생', '엄마의 체력' 등등. 우스갯소리 같지만 웃지만은 못하는 것이 엄마의 마음이다.

공부를 잘하고 싶다면 공부 잘하는 1등을 만나서 정확한 정보를 얻는 것이 제일 빠를 것이다. 하지만 그게 쉬운 일은 아니다. 그저 비슷한 또래, 비슷한 수준의 아이 엄마들이 모여 정보를 교환하게 된다. 비슷한 수준들이 모여서 교환하는 정보는 비슷한 내용에 비슷한 결과만을 가져올 뿐이다. 여기에 시간을 뺏기지 말자. 특히 초등학교에 가면 엄마들끼리 삼삼오오 모이기 마련이다. 하지만 몇 개월이 지나고 보면 내가 정말 원하는 모임이 맞는지 의문이 들게 된다. 소신 있는 엄마가 되어야 하지만 안타깝게도 주변에서 누구는 뭘 한다더라, 뭐는 꼭 해야 한다더라 하는 카더라 정보에 엄마 마음과 귀는 팔랑거리게 된다.

엄마의 진짜 정보력은 아이의 마음 정보를 얼마나 알고 있는지가 아닐까? 아이의 마음을 읽고 아이를 다독이면서 아이의 속도와 방향에 맞추어 이끌어 갈 수 있어야 한다. 너무 허황된 욕심에 끌려 가다보면 엄마나 아이 중에 하나는 넘어지고 말테니까. 그리고 아이의 잠재력을 키우기 위해서는 아이를 기다려 줄수도 있어야 한다. 아이의 발걸음 속도와 방향에 맞추자. 어른들의 발걸음에 맞추다보면 아이는 스스로 해나가야 할 주도성을 상실하게 된다.

그리고 지금 이 순간! 아이와 함께하는 이 순간이 다시 돌아오지 않는다는 것을 잊지 말자. 주변에서 들려오는 카더라 이야기에 흔들리는데 허비하기엔 이 시간이 너무 아깝다.
더불어 엄마는 무엇보다 인내심이 필요한 사람이다. 부모가 되기는 쉬워도 부모 노릇은 힘들다는 말이 있다. 조금 답답해도 아이의 속도를 살피며 아이가 주도적으로 움직이는 것을 지켜봐주자. 아이와 함께 할 수 있는 이 시간을 한 순간도 놓치지 않도록 하는 것이 엄마가 할 일이다.

흔들리지 말자!!! 지금 이 순간을 사랑하자!! 즐기자!!!
오늘도 주문을 외운다.

아이의 잠재력을 키우기 위해서는
아이를 기다려 줄 수 있어야 한다.

우리 가족 풍선

info

난이도 : ★★★☆☆

재료 : 풍선, 테이프, 색종이, 눈알 장식
대상 연령 : 3~7세

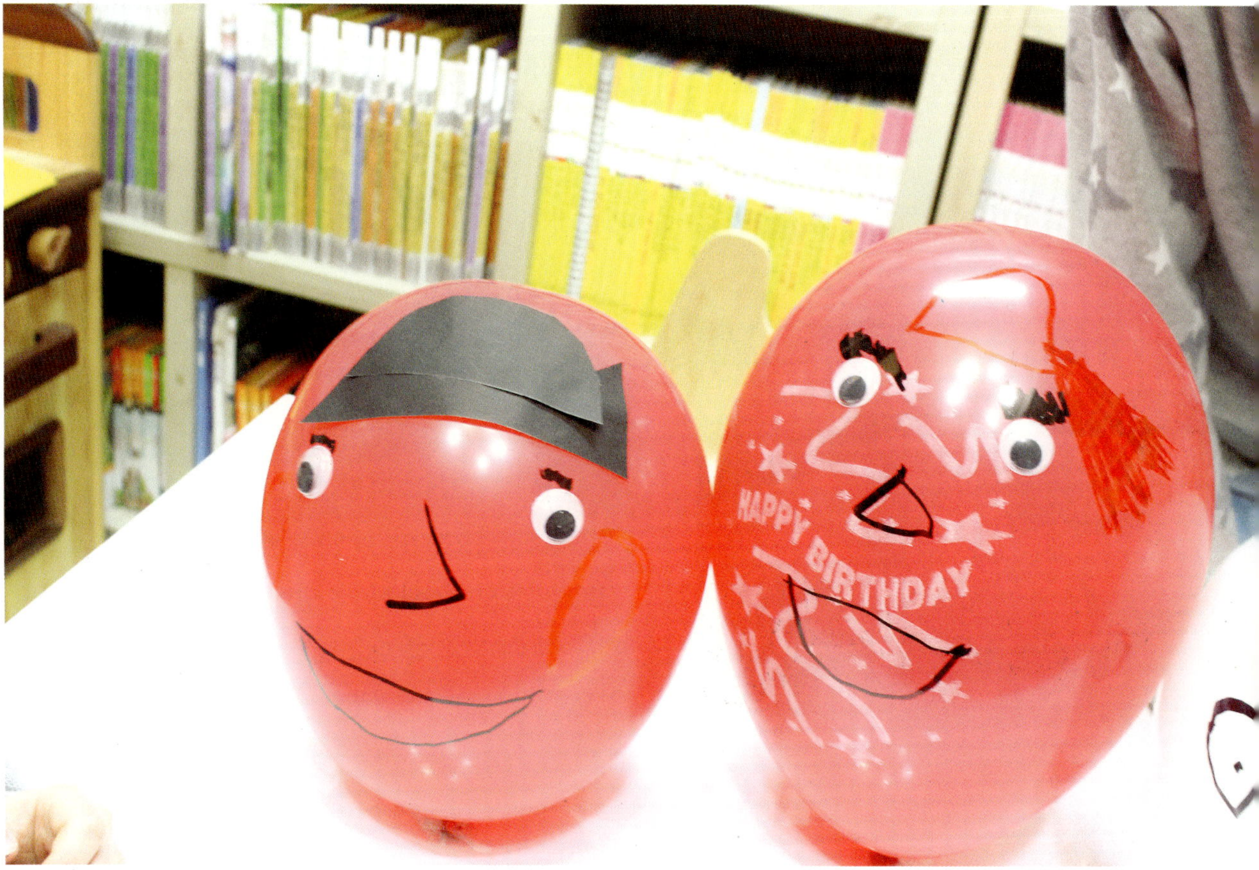

Technology
풍선을 불어 책상 위에 붙인 뒤 쓰러지지 않도록 테이프로 고정하면서 기울지 않고 세워 질 수 있는 무게중심 원리를 알아본다.

Art
가족을 그리면서 가족의 사랑을 다시 한 번 느끼고 가족의 특징을 흉내 낼 수 있다.

how to

1. 풍선을 불어 눈장식을 붙여 줍니다.

2. 싸인펜으로 가족의 특징을 살려 그림을 그려 보세요.

3. 색종이를 이용해 다양하게 표현해 봅니다.

4. 책상 위에 가족구성원을 붙입니다.

5. 서로 꾸민 가족 풍선을 보면서 엄마 아빠 흉내를 내보며 역할극을 해 보세요.

보물 풍선

info

난이도 : ★★★☆☆

재료 : 사탕, 초콜릿, 풍선, 압정, 색종이, 풀, 건전지, 양면 테이프

대상 연령 : 3~8세

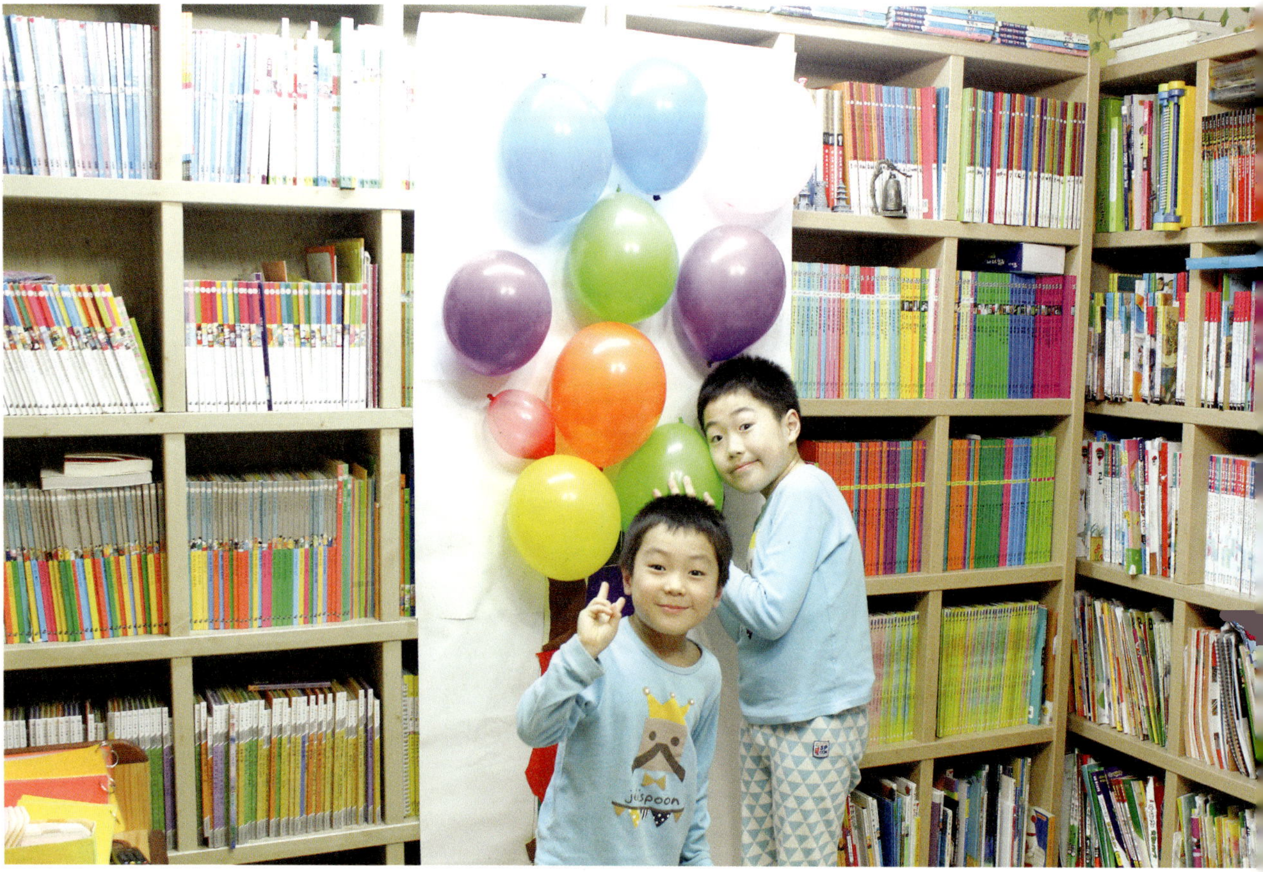

Technology

크기가 크다고 무거운 것은 아니다. 풍선에 다양한 아이들 간식을 넣어 무게를 비교해 보고, 흔들어서 어떤 것일까 맞춰 보며 상상력을 키울 수 있다.

생각이 자라는
창의융합 놀이

184
185

how to

1. 풍선에 들어갈 수 있는 아이들이 좋아하는 간식을 준비합니다.

2. 풍선에 사탕, 초콜릿 등을 하나씩 넣어 주세요.

3. 후~ 풍선을 불어줍니다. 단! 풍선이 투명하면 내용물이 보이기 때문에 색이 진한 풍선을 준비해야 해요.

4. 전지 두장을 거실 벽면에 붙여 줍니다.

5. 색종이를 찢어 전지에 나무기둥을 만들어 주세요.

6. 풍선에 양면 테이프를 붙여 주세요.

CAUTION
아이가 어리면 힘조절이 힘들어 화살이 위험할 수 있으니 아빠가 안아서 바로 앞에서 풍선을 터트릴 수 있도록 해주세요!

7. 전지 나무 위에 풍선을 열매처럼 붙여 놓습니다.

8. 아이들과 과자따먹기 도전!!

CHAPTER 4
세계로 맘껏 날아라

조화와 갈등

좀 더 생각하기!

큰 아이가 7살 때 피아노 학원을 보냈었다. 피아노를 치면서 손가락을 움직이는 것이 아이의 두뇌를 자극시키기 때문에 피아노를 배우게 해야 한다는 주변의 이야기를 듣고 시작한 것이었다. 지금 생각해 보면 남자 아이들은 악기를 그렇게 좋아하지도 않는 편인데, 그 때는 그것도 생각하지 않고 그저 아이를 피아노 학원으로 끌고 갔다.

아이는 아무것도 모르고 엄마 손에 이끌려서 갔을 뿐이었다. 처음에는 꼬박꼬박 피아노 학원에 잘 가던 아이가 6개월쯤 지나고 나니 조금 달라지기 시작했다. 학원 갈 시간만 되면 잠이 오고, 배가 고프고 급기야 울기까지 했다. 엄마로서 너무 혼란스러웠다. 학원에 적응해서 잘 다닌다고 생각했는데 아이가 갑자기 학원에 가기 싫어하는 것도 당황스럽고, 그렇다고 그만두게 하자니 지금까지 배운 것이 아까웠다. 학원에 가기 싫다는 아이의 손을 잡고 학원으로 향했다. 가던 중에 화를 누그러트리고 당황스러운 마음을 진정하고는 아이의 모습을 다시 보았다. 잔뜩 찡그린 표정에 내 손에 이끌려서 오는 아이의 모습. 피아노 학원에 가려는 것은 아이의 의지가 아니라 엄마의 의지라는 생각이 들었다. 엄마의 계획대로 아이가 움직이고 있는 것이었다. '이건 아닌데.' 이 생각이 들자 피아노 학원으로 가던 길을 멈추고 되돌아서 집으로 아이를 데리고 왔다.

"현이가 그동안 많이 힘들었구나. 힘들면 잠시 쉬자. 피아노가 생각나면 언제든지 다시 이야기해."라고 얘기해주며 아이를 꼭 안아주었다.

2~3달이 그냥 지나갔다. 그동안 아이에게 피아노에 대한 언급은 하지 않았다. 그러다가 어느 날 갑자기 아이가 피아노 학원을 가고 싶다고 말했다. 스스로 가고 싶다고 하길래 그 이유가 궁금했지만 물어보지는 않았다. 피아노 학원에 다시 다녀온 날 아이는 아쉬운 눈빛으로 말했다.
"엄마, 내가 그때 그만두지 않았으면 지금 더 많이 배웠을텐데."
그 이후 아이는 매일 즐거운 표정으로 꾸준히 피아노를 가기 시작했다.

엄마들은 아이가 다니던 학원을 갑자기 그만둔다고하면 지금까지 했던 것을 다 잊어버릴까봐 아까운 마음이 앞선다. 마무리 짓지 않고 도중에 그만 둔다는 것에, 다른 집 아이들은 다 하고 있다는 것 때문에 불안감도 크다. 하지만 아이의 적성에 맞지 않은데 엄마의 불안감 때문에 계속 학원에 다니게 하는 건 아이에겐 지옥과 같은 시간일 것이다.

지금와서 생각해 보면 재현이가 피아노를 쉬었던 2~3달의 시간은 앞서 배운 것을 잊어버린 시간이 아니라 앞으로 자신에게 더 필요한 것, 자기가 더 좋아하는 것, 원하는 것을 스스로 생각하고 고민할 수 있었던 값진 시간이었다.
그 시간이 있었기 때문에 지금 시간을 더욱 즐겁게 여길수 있는 것 같다.

간이 온도계

info

난이도 : ★★★☆☆

재료 : 약통, 빨간 물감, 빨대, 테이프, 찰흙(클레이), 뜨거운 물, 차가운 물

대상 연령 : 6~8세

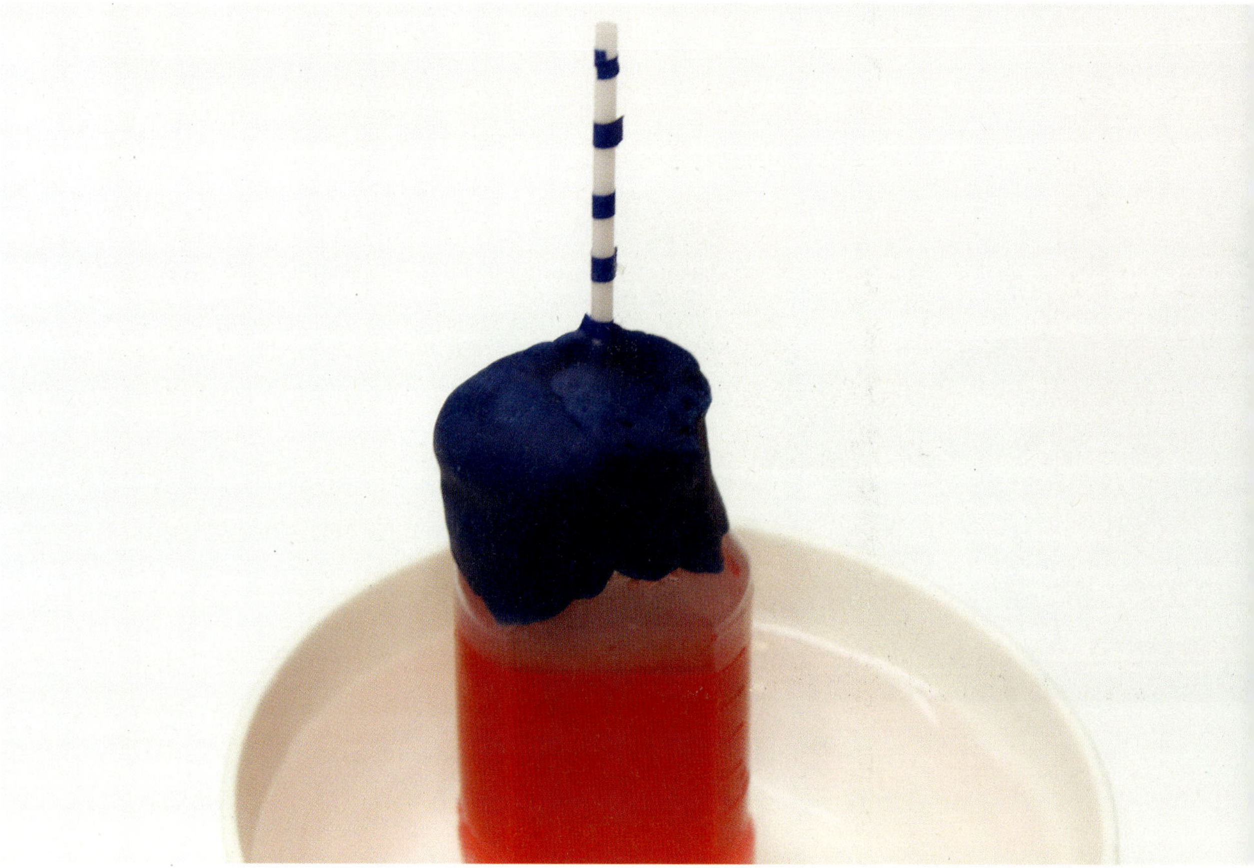

Technology
온도계의 명칭과 원리를 알아 본다.

Mathematics
빨대에 눈금을 일정한 간격으로 표시하여 온도의 높고 낮음의 수치를 비교할 수 있다.

how to

1. 빨간 물감물을 준비합니다.

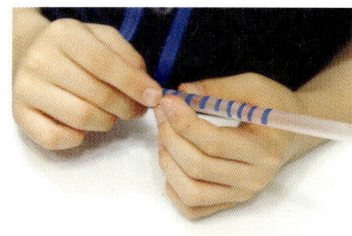

2. 빨대에 테이프로 일정 간격의 표시선을 만들어 줍니다.

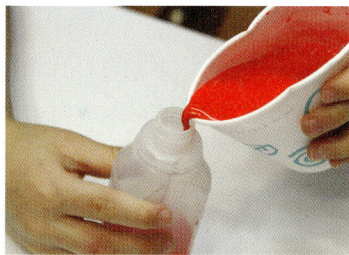

3. 빨간 물감물을 약병에 넣습니다.

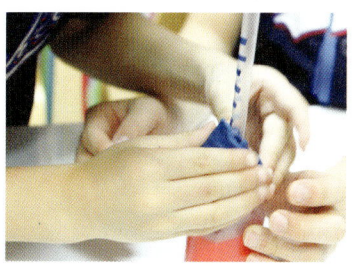

4. 빨대를 약병 바닥에 닿지 않도록 해서 클레이로 고정시켜 주세요.

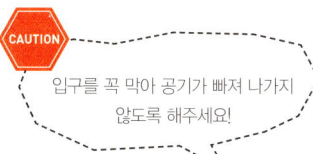

CAUTION
입구를 꼭 막아 공기가 빠져 나가지 않도록 해주세요!

5. 뜨거운 물과 차가운 물에 약병을 번갈아 넣어서 온도 변화를 측정할 수 있습니다.

우유 아이스크림

info

난이도 : ★★★☆☆

재료 : 얼음, 우유, 휘핑도구, 크기가 다른 그릇 2개, 얼음
대상 연령 : 2~5세

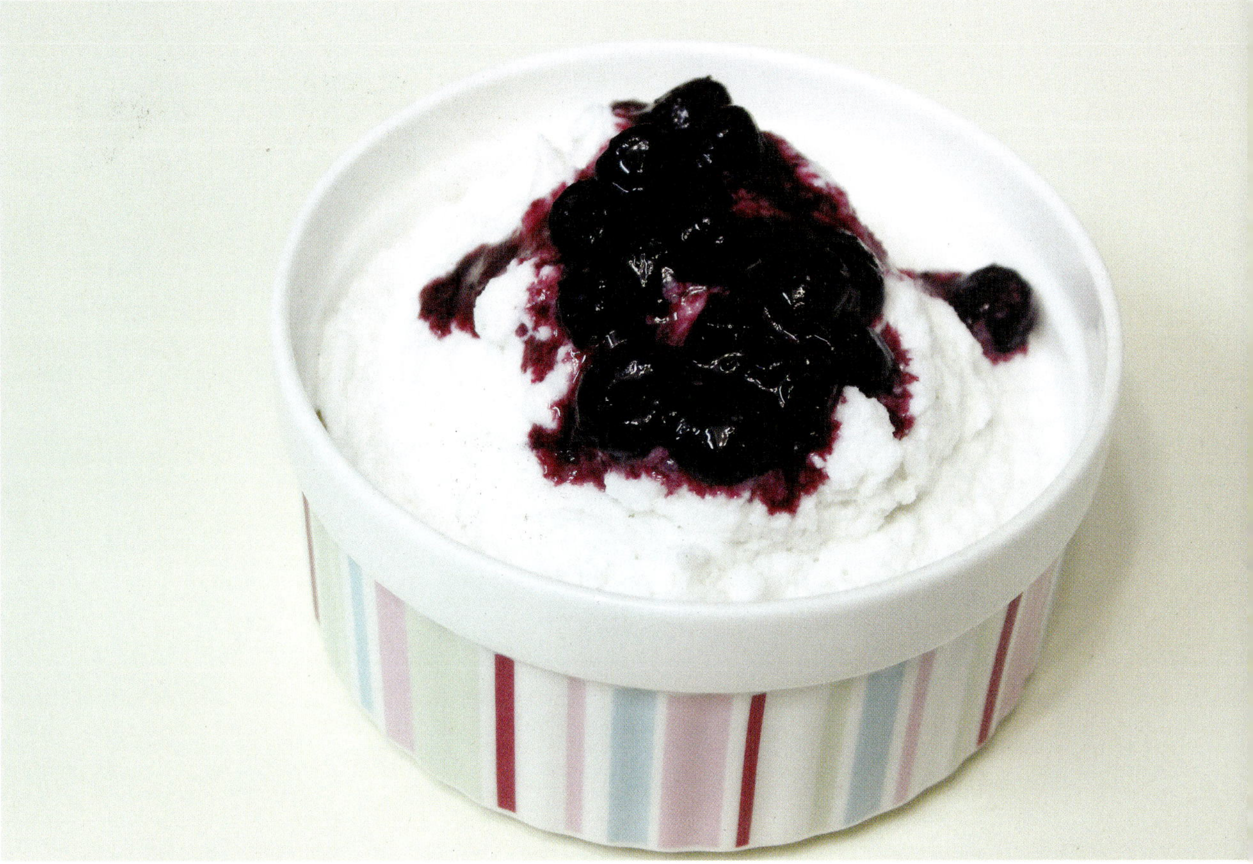

Science
액체였던 우유가 낮은 온도에서 휘핑을 통해 점점 얼려져 아이스크림으로 변해 가는 모습을 볼 수 있다.

Technology
아이스크림을 만들면서 최대한 차가워 질 수 있도록 온도를 낮춰본다.

how to

1. 큰그릇에 얼음을 담습니다.

2. 작은 그릇을 얼음 위에 올립니다.

3. 작은 그릇에 우유를 넣어줍니다.

4. 휘핑도구로 저어줍니다. 반드시 한방향으로 저어야 해요.

5. 점점 겉쪽 부터 우유가 얼어가는 모습을 볼 수 있어요.

6. 휘핑도구를 들었을 때 우유가 떨어지지 않으면 성공.

7. 아이스크림 완성!

겸 손

엄마, 백점 맞았어요!

아이의 기말고사 시험 날이 되면 내 마음이 더 두근거린다.
아이가 혹시 실수를 하지는 않을지… 요즘은 실수도 결국 능력이라는데
아이가 실수를 하고 의기소침해 지지는 않을지…
꼬리에 꼬리를 무는 걱정 때문에 시험을 앞 둔 아이보다 더 두근거리는
내 마음을 다독이며 학교 가는 아이에게 꼭 다시 한 번 시험지를
확인하라고 이야기해준다. 실수라는 것이 침착하게 다시 확인하면
얼마든지 줄일 수 있는데, 아직 어린 아이들에게 다시 확인하며 재검토해야
한다는 것을 거듭 주지시키지 않으면 깜빡하기 쉽기 때문이다.
그리고 아이가 시험을 마치고 돌아오면 아이에게 그날 본
시험에 대해 자세히 물어본다. 아이가 말해주는 내용으로 시험의 난이도를
예측하고 시험을 어떻게 봤는지도 알 수 있다. 아이가 시험을 잘 봤다고
자신 있게 말하기는 했지만 늘 꼭 한 두 개씩은 실수를 하는 터라 반은 믿고
반은 믿지 않았다. 그리고 아이는 며칠 뒤에 시험 결과를 말해주었다.

"엄마! 국어, 수학, 영어 백점 맞았어요! 사회는 아깝게 틀려서
부분 점수를 받은 게 있어요."
"아깝네! 어떤 문제였어?"
"실수로 분류를 잘못했어요."
"아, 그래? 그럼 엄마랑 그 문제 다시 한 번 풀어볼까?"

아이가 자신의 실수를 알았다면 바로 그 실수를 확인하고, 다음에는 같은 실수를 반복하지 않게 해주는 것이 중요하다. 엄마도 시험을 보면 실수하는데, 아이의 실수에 잔소리를 할 수는 없다. 다음엔 같은 실수를 반복하지 않도록, 실수를 고쳐서 실력이 될 수 있도록 옆에서 도와주는 것이 더 중요하다. 그리고 아이는 자신의 시험 결과에 대해 다른 이야기도 덧붙였다.

"친구들이 점수 불러줄 때 합산해보니, 제가 제일 잘했데요!"
"우와 잘했네! 수고했어! 친구들한테 고맙다고 인사했어?"
"왜요? 그냥 가만히 있었어요."
"친구들이 칭찬해주면 고맙다고 인사해야지."
"아, 그런 거구나!"

초등학생인 재현이는 입학하고 줄곧 1등을 놓친 적이 없었다. 하지만 1등을 지키는 것보다 더 중요한 것은 항상 겸손한 마음을 가지게 하는 것이었다. 너무 어릴 때부터 자기 자신이 잘한다고 생각하고 자만에 빠지면, 점점 공부를 소홀히 하고 나중엔 성적이 떨어지는 아이들이 많다. **잘하는 것도 좋지만 자기 자신의 감정을 조절하고 겸손한 마음을 가지고 먼저 호의를 베풀 수 있는 그런 사람으로 키우고 싶었다.**

늘 겸손한 마음을 가지고 호의를 베푼다는 것이 다 큰 어른도 쉽지 않은 일이다. 하물며 아이가 한결 같이 겸손한 마음을 가지고 있을 수는 없는 일이다. 그래서 아이에게는 기회가 있을 때마다 이야기해준다. 자만하지 않고 겸손한 마음으로 먼저 호의를 베풀어야 비로소 진짜 좋은 사람이 될 수 있음을.

숟가락 인형

info

난이도 : ★★★☆☆

재료 : 일회용 숟가락, 눈 스티커, 털실, 가위, 글루건, 장식 재료
대상 연령 : 3~7세

STEAM

🎨 **Art**
아이들이 만든 숟가락 인형으로 다양한 스토리를 꾸며 보며 어휘력을 키울 수 있다.

🔧 **Engineering**
숟가락을 이용해 얼굴을 표현하면서 간격을 조절하고 공간을 활용할 수 있다.

how to

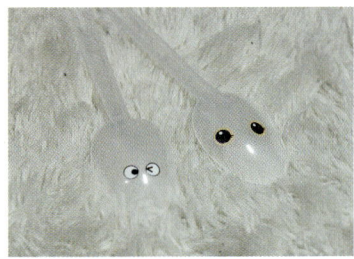

1. 일회용 숟가락에 눈 스티커를 붙입니다.

2. 장식 재료를 이용해 머리 스타일을 다양하게 꾸며 줍니다.

3. 머리 스타일을 모두 다르게 해서 다양하게 표현해 보세요.

4. 아이들과 만든 숟가락 인형으로 스토리를 꾸며 가며 역할극을 해 봅니다.

색종이 복조리개

info
난이도 : ★★★★☆

재료 : 전지(스케치북), 가위, 화장지 심, 물감, 팔레트
대상 연령 : 3~6세

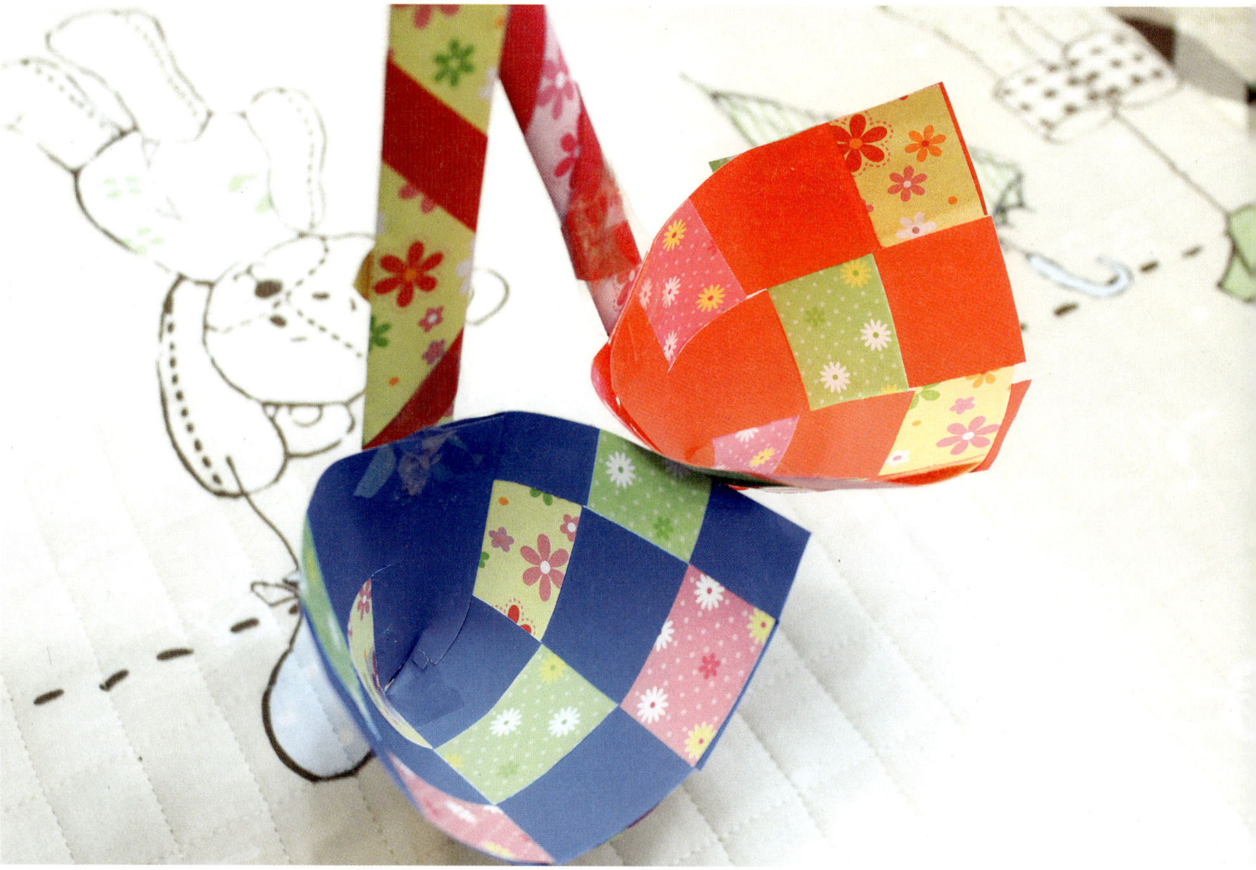

Science
종이와 종이를 연결해 직조짜기를 해보고 격자무늬 만들기의 원리를 이해할 수 있다.

Mathematics
패턴에 따른 규칙의 변화를 이해하고 평면을 입체로 만들 수 있다.

how to

1. 색종이 두장을 준비해 주세요.

2. 색종이 중간 부분에 일렬로 칼집을 4~6번 내 주세요.

3. 또 다른 색종이는 5cm정도의 간격으로 잘라 준비합니다.

4. 2번 색종이의 중앙부분에 중심선을 잡고 세모 모양으로 틀을 잡아 줍니다.

5. 3번에서 잘라 놓은 색종이를 4번 색종이 사이에 끼워주면서 엮어서 복조리 바구니를 완성합니다.

6. 색종이를 다 끼웠으면 끝을 잡고 바구니 모양이 되도록 모아 주세요.

7. 새 색종이 한 장을 삼각형 모양으로 접은 후 뒤집어 접으면서 긴 모양이 되도록 해 주세요.

8. 6번과 7번을 붙여서 색종이 복조리개를 완성합니다.

평등

형제의 신경전

아이가 하나 일 때와 둘 일 때는 많이 다르다. 하다못해 간식을 먹을 때도 누가 더 많은지, 누가 파란색 접시에 있는 간식을 먹을지 등 여러 가지 신경전이 끊임없이 일어난다. 몇 차례의 신경전을 지켜보고 나만의 방법을 만들었다.

일단 접시 두 개를 꺼내놓고
"재현아, 재훈아! 우리 과자 나눠먹자. 엄마 앞에 접시가 두 개 있어. 여기에 과자를 담을게. 자, 이제 천장을 보자!"
"왜요?"
"엄마가 접시를 오른손, 왼손에 섞어서 숨길 거야. 오른쪽 먹을래? 왼쪽 먹을래?"
그러면 두 아이는 신중하게 생각하다가
"재훈아! 우리 가위바위보 하자"
"그래."
"가위바위보! 형! 형이 이겼으니까 형 먼저 골라."
"난 오른쪽."
"그럼, 난 왼쪽."
엄마 오른손에 있는 과자 접시는 재현이, 왼손에 있는 과자 접시는 재훈이 앞에 놓아 준다.

"형 난 오징어 과자 먹고 싶어. 형 오징어 과자랑 내 과자랑 몇 개만 바꾸자."
"난 네모 모양 과자가 더 좋아. 그럼 내 오징어 과자랑 네 네모 과자랑 바꾸자."
"응! 그래!"

끊임없이 이어질 것 같았던 과자 전쟁은 이렇게 평화롭게 마무리 되었다. 과자는 아이들에게 최고의 간식이다. 조금 더 많이, 조금 더 좋아 보이는 걸 먹고 싶어서 싸우는 아이들에게 엄마는 게임을 제안했다. 각자의 목표물 앞에서 으르렁 거리며 싸울 것 같은 현실에서 조금 여유를 느낄 수 있게 시간을 끌었다. 그리고 왼손과 오른손의 50% 확률 게임을 통해 아이들은 웃기 시작했다. 마침내는 서로 먹고 싶었던 과자를 바꾸자는 제안까지 할 수 있게 되었다.

아이들은 출생 순위에 상관없이 평등할 권리가 있다.
그러나 완벽한 평등이 쉽지는 않다. 다만 평등하게 할 수 있는 방법을 찾아줄 수는 있다. 이렇게 아이들이 평등을 실현하게 하는 중심 역할은 엄마가 해 주는 것이다.

비닐 공작새

info

난이도 : ★★★☆☆

재료 : 일회용 장갑, 빨대, 종이컵, 동그란 장식 재료, 양면 테이프, 색종이, 눈 장식, 가위

대상 연령 : 5~8세

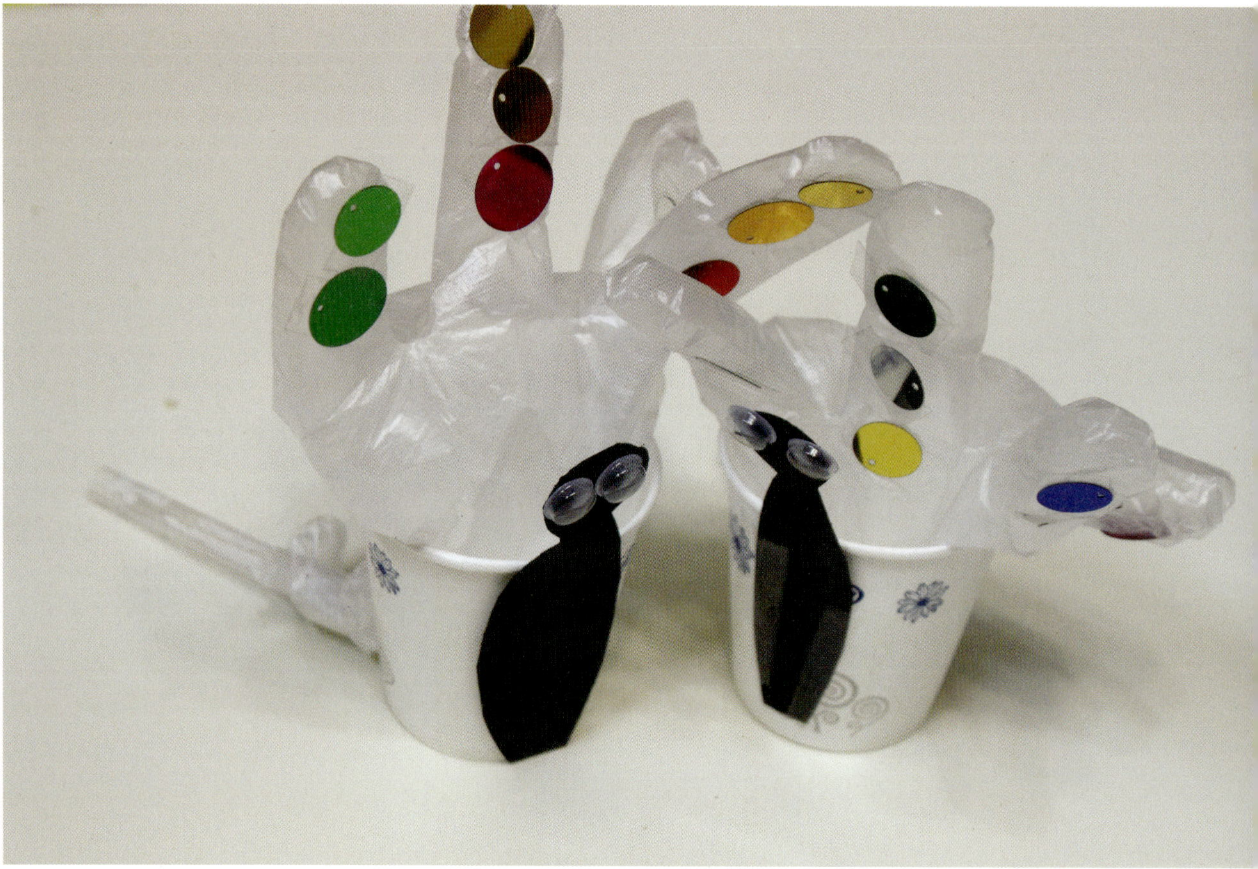

Science
일회용 장갑에 공기를 넣어 내부의 압력변화와 분자들의 운동에 의해 모양을 만들 수 있다.

Art
다양한 색을 일회용 장갑에 분류하면서 붙여서 공작새 날개를 만들 수 있다.

how to

1. 종이컵과 일회용 장갑, 빨대를 준비해 주세요.

2. 종이컵에 볼펜으로 구멍을 뚫어줍니다.

3. 종이컵의 구멍에 일회용 장갑을 넣어 빼준 뒤 빨대를 꽂아 주세요.

4. 비닐과 빨대를 테이프로 고정해 주세요.

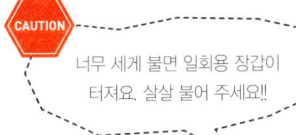

CAUTION 너무 세게 불면 일회용 장갑이 터져요. 살살 불어 주세요!!

5. 불어서 일회용 장갑 손가락 부분이 잘 펴지면 일단 성공.

6. 펴진 장갑에 동그란 장식재료를 붙여서 꾸며 주세요.

7. 종이컵 앞부분에 공작새 몸을 꾸민 후 눈 장식을 붙여 주세요.

8. 후후~ 불어서 공작새의 날개가 펴지는 모습을 느껴보세요.

주걱 거울

info
난이도 : ★★★★☆

재료 : 주걱, 안전 거울, 장식 재료, 글루건
대상 연령 : 4~8세

STEAM

🧪 **Science**
표면이 매끄러운 물체가 빛을 일정한 방향으로 반사하기 때문에 주변의 모습이 잘 비치는 반사 원리를 알 수 있다.

📐 **Mathematics**
주걱 거울을 꾸밀 때 규칙을 가지고 꾸밀 수 있도록 해 본다.

how to

1. 주걱을 준비합니다.

2. 안전 거울은 비닐을 뜯어 준비해 주세요.

3. 글루건을 사용해 안전 거울을 주걱에 붙여 줍니다.

4. 장식 재료로 거울과 주걱 손잡이를 꾸며주세요.

5. 거울을 보면서 자기만의 표정과 모습을 확인해 봅니다.

공정성

칭찬스티커

아이들은 모두 다른 환경과 다른 기질을 가지고 태어난다. 아이에게 다른 사람이 한다고 똑같은 학습을 요구하거나 강요해서는 안된다. 아이의 성향에 따라서 부족한 부분을 채워주고 호기심을 보이는 부분에 대해 적극적으로 도와줄 수 있는 엄마의 역할이 중요하다

'칭찬스티커'는 짧은 시간 안에 아이 행동 변화를 이끌어 낼 수 있기 때문에 아이가 유아기 일 때 많이 사용하는 방법 중 하나이다. '칭찬스티커'를 하게 되면 아이가 갖고 싶은 것을 사 줄 수도 있고, 아이들의 좋은 행동을 강화 할 수도 있고, 잘못된 행동을 감소시킬 수도 있다. 그리고 아이의 적극적인 참여를 유도하기 위해서 '칭찬스티커'를 많이 사용하는 편이다. '칭찬스티커'를 시행 할 때는 아이와 함께 규칙을 정해야 한다. 아이들이 직접 엄마와 같이 규칙을 정하게 되면 더 적극적으로 참여를 하게 되기 때문이다.

그러나 '칭찬스티커'에도 역효과가 있다. 너무 높은 금액의 보상을 설정하게 되면 엄마의 부담도 커지고 아이는 선물에 급급해서 행동 변화 보다는 스티커 모으기에만 집중하게 된다. 주객이 전도되게 되는 것이다. 그래서 너무 금액 높은 보상보다는 현명하게 대처 할 수 있는 보상이 수립되어야 한다.

어쩌면 아이들이
더 큰 것을 원하게 되고,
자발적으로 움직이는 것이
아니라 '칭찬스티커' 때문에
행동하게 될까봐
겁이 나서 도전 할 수가
없었다.

우리집에서는 '칭찬스티커'를 하지 않는다. 아이들에게 이걸 하면 이걸 사줄 것이라는 대가성 목표를 설정하게 하는 것이 과연 좋은 것인지 확신할 수 없었기 때문이다. 그리고 어쩌면 아이들이 더 큰 것을 원하게 되고, 자발적으로 움직이는 것이 아니라 '칭찬스티커' 때문에 행동하게 될 까봐 겁이 나서 도전 할 수가 없었다.

그냥 아이들과 함께 놀며 소소한 목표를 정했다. 아이들이 가까운 시일 안에 할 수 있는 작은 목표를 정하고 그 목표에 도달하면 안아주고 뽀뽀해 주었다. 목표를 이루지 못하면 토닥토닥 격려해주었다. 물론 친구들이 '칭찬스티커'로 레고를 받고, 최신 스마트폰을 받고, 티라노킹을 받았다고 자랑하면 우리 아이들도 받고 싶어 했다. 하지만 지속적으로 소소한 목표들을 이루어 나가면서 아이들은 엄마와의 스킨십이 친구들이 받은 장난감과 같은 것이라고 생각하게 되었다. 그리고 그 상이 장난감과 비교할 수 없을 정도로 소중한 것이라는 사실도 스스로 깨달아 갔다.

똑같이 장난감을 사 주었다면 공평했다고 할 수 있으나, 육아의 방법이나 훈육은 가정이나 개인마다 다르다. 가정의 상황에 맞게 공평하고 바른 것을 아이와 같이 만들어가는 것이야 말로 비로소 공정한 육아의 원칙이라고 믿는다.

자연물 액자

info

난이도 : ★★★☆☆

재료 : 자연물, 일회용 종이 접시, 리몬끈, 글루건
대상 연령 : 5~8세

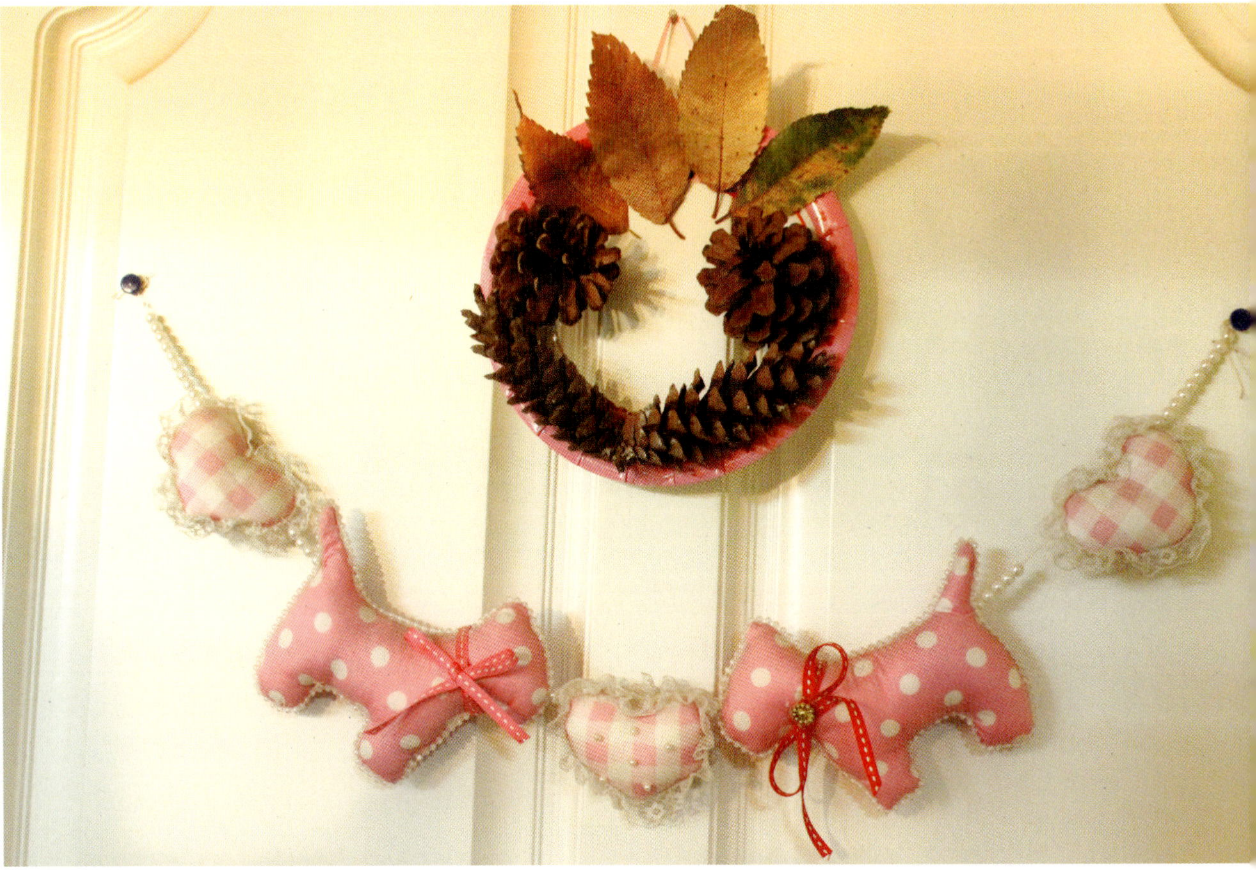

 Mathematics

자연물을 이용하여 대칭의 개념을 익혀 꾸며볼 수 있도록 해 본다.

how to

1. 일회용 접시를 준비해 주세요.

2. 칼로 일회용 접시 안쪽을 자릅니다.

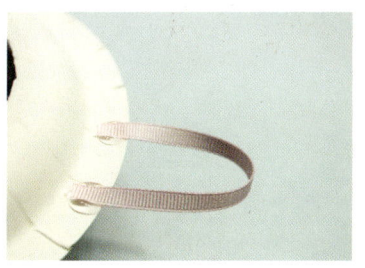

3. 일회용 접시 위에 끈을 붙여서 고리에 걸 수 있도록 만들어 주세요.

4. 자연물을 대칭으로 붙여서 꾸며 보세요.

5. 자연물로 만든 액자 완성!

밀가루 채통

info

난이도 : ★★☆☆☆

재료 : 일회용 요구르트 통, 못, 병뚜껑 2개, 밀가루, 글루건
대상 연령 : 4~8세

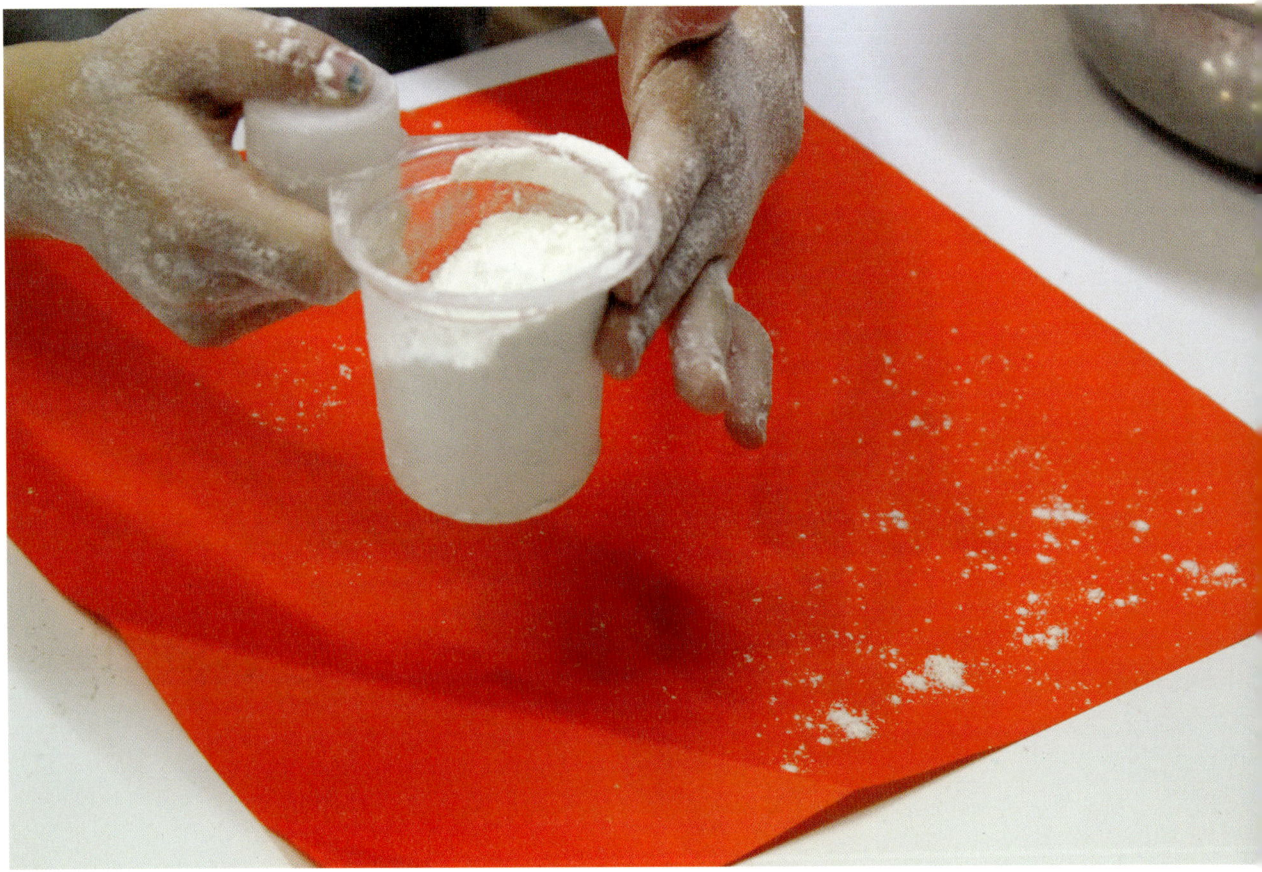

Art
물에 젖지 않은 밀가루가 날리는 현상을 느낄 수 있다.

Engineering
밀가루가 구멍 사이로 곱게 내려오는 느낌을 느낄 수 있고, 통 속에 밀가루를 채워서 뒤집어 보며 입체 도형을 만들어 낼 수 있다.

how to

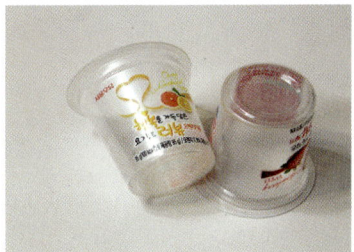
1. 깊이가 있는 일회용 요구르트 통을 준비합니다.

2. 요구르트 통의 비닐을 벗겨 주세요.

3. 요구르트 통을 뒤집어 구멍을 여러개 뚫어줍니다.

4. 병뚜껑 2개를 요구르트 통 위쪽에 겹쳐서 손잡이처럼 만들어 주세요.

5. 밀가루의 감촉을 느껴 봅니다.

6. 만든 밀가루 채에 밀가루를 넣고 색지 위에 밀가루를 뿌려 보세요.

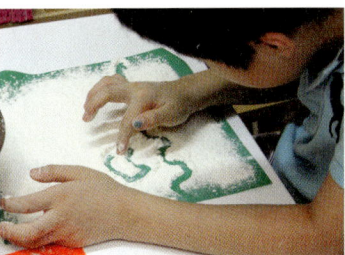
7. 뿌려진 밀가루 위에 손가락으로 그림을 그려 봅니다.

8. 밀가루 통에 밀가루를 가득 담아 뒤집어 보고 다양한 모양과 도형을 만들어 보세요.

평 화

작은 일은
나누어 하자

아이들이 있는 집은 전쟁터와 같다. 여기저기 놓인 책, 바퀴 빠진 장난감. 자신의 위치를 잃어버리고 길 잃은 장난감들이 거실과 방, 주방과 화장실까지... 곳곳에서 데굴데굴 굴러다닌다.

"엄마, 레고하고 싶어요."
"책 다 읽었어?"
"한글책 5권은 읽었는데, 영어책은 아직 못 읽었어요."
"영어책을 아직 못 읽었구나. 그럼 영어책만 읽으면 레고 할 수 있겠는데?"
"야호~"
아이는 바로 영어책만 정리해 놓은 방에 가더니 5권을 꺼내 놓고 읽기 시작한다.
"엄마, 소리 들었죠? 다 읽었어요. 이제 레고해도 되죠?"
"그래!"

흔쾌히 대답해 주고 아이가 방금까지 책을 읽은 방에 들어선 순간 멈칫했다. 아이가 읽고 난 영어책을 그대로 펼쳐 두고는 후다닥 뛰어 나가 버린 것이다. 이미 레고 놀이에 푹 빠진 아이를 보고는 한숨을 쉬며 책을 접어 책꽂이에 꽂았다.

그날 밤, 자려고 거실에 나가보니 아까 놀고 난 레고의 흔적이 여기 저기 분해되어 뒹굴고 있었다.

"훈아, 잠시 나와 볼래? 이렇게 되어있으니 엄마가 치우기가 너무 힘들어! 우리 같이 치울까?"

"내일 다시 가지고 놀 건데요?"

"레고 부품을 잃어버리면 어떻게 하지? 지나가다 누가 다치기라도 하면 어떻게 하지?"

마지못해 거실로 나와 치우던 아이는 나직이 말한다.

"엄마 미안해요."

육아를 하다보면 아이들이 지나간 자리에는 아이의 흔적이 그대로 남아있는 것을 알 수 있다. 엄마도 할 일이 많다보니 아이가 잠들고 나서야 치울 시간이 생기는데 피곤한 몸 때문에 내일 치우고 싶지만 당장 내일 아침에 일어난 아이들이 다칠까봐 다 치우고 늦게야 잠이 들게 된다. 그럼 다음날 엄마는 더 피곤하고, 그날 저녁도 똑같이 아이들의 장난감 치우기는 반복되고, 며칠 안 가서 장난감을 늘어놓는 아이에게 짜증을 내는 순간이 오게 된다.

엄마 혼자서 모든 것을 다 할 수는 없다. 엄마 혼자 다 하려고 하지 말고, 아이들과 협의해서 작은 일은 나누어 하자. 그래서 우리 집의 평화를 찾을 수 있게 해 보자. **평화란 서로 상대방을 이해하고 약하거나 힘든 상황에 빠진 상대를 진심으로 도와주려는 노력이 있어야만 이루어지는 것이다.** 이것을 일러주어 아이 스스로 장난감을 정리할 수 있는 습관이 길러진다면 우리집의 조용한 평화가 찾아올 수 있을 것이다.

컵라면 이글루

info

난이도 : ★★★☆☆

재료 : 종이컵, 컵라면 용기, 아크릴 물감, 글루건
대상 연령 : 4~8세

STEAM

🔧 **Engineering**
종이컵과 컵라면 용기의 모양이 연결이 될 수 있도록 오려서 맞춰본다. 이글루의 벽돌 모양패턴을 이해할 수 있다.

📐 **Mathematics**
종이컵을 가로와 세로로 잘라보고 모양을 비교해 볼 수 있다.

how to

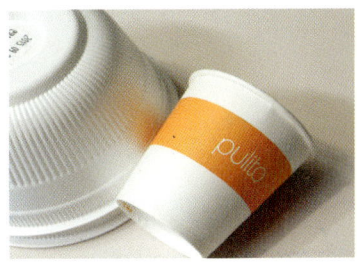
1. 컵라면 용기와 종이컵을 준비합니다.

2. 종이컵을 세로로 반을 자릅니다.

3. 컵라면 용기에 2번의 종이컵이 들어가게 반달모양으로 자릅니다.

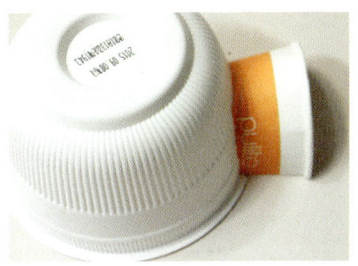
4. 컵라면 용기의 반달 모양에 세로로 자른 종이컵을 끼워 주세요.

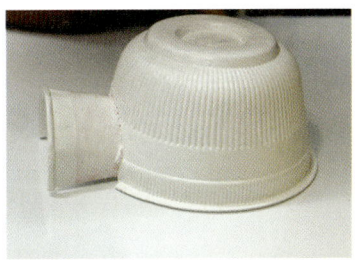
5. 글루건으로 둘을 고정시키고 아크릴 물감으로 색을 입혀줍니다.

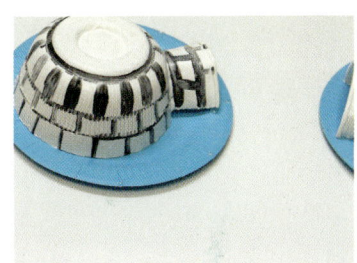
6. 벽돌 모양으로 이글루를 꾸며 주세요.

7. 펭귄 인형이 있다면 아이들 놀이도구로 활용해 보세요.

분유 탬버린

info

난이도 : ★★★★☆

재료 : 분유 뚜껑, 방울, 바늘, 실, 칼, 가위
대상 연령 : 2~5세

STEAM

🔧 **Engineering**
방울의 개수에 따라 소리의 차이가 많이 난다. 직접 방울의 개수에 따라 소리의 크기가 달라지는 것을 느껴볼 수 있도록 만들어 본다.

🎨 **Art**
탬버린을 흔들어 보면서 아이들이 박자에 맞춰 노래도 불러보고 박자 감각을 익힐 수 있다.

how to

1. 분유 뚜껑을 준비해 주세요.

2. 칼로 분유 뚜껑을 둥글게 잘라 주세요.

3. 칼로 자른 부분을 끈으로 돌돌 말아 주세요.

4. 실을 바늘에 연결시킨 후 방울을 분유 뚜껑 바깥쪽에 달아 주세요.

5. 딸랑 딸랑 분유 탬버린 완성!

다양성

나와 다른
하지만 같은

아이들과 백화점에 가는 길은 집에서 가까워서 운동도 될 겸 걸어서 가는데 어느 날은 맞은편에서 외국인이 걸어오고 있었다. 외국인을 본 큰아이가 갑자기 내 뒤에 숨어버렸다.

"혀니야 왜 숨어? 우리한테 다가오는 것도 아닌데 왜 숨어?"
"그냥. 그냥..."
마주 오던 외국인이 지나가고 난 후에야 나지막하게 아이가 대답했다.
"무서웠어."
무서워서 숨는다고 혼낼 수는 없었다.
"우리와 뭐가 다르다고 생각해?"
"머리색도 노랗고, 눈도 크고, 키도 커..."
"맞아. 우리와 머리색도 다르고, 눈도 키도 훨씬 크다. 그치? 키가 많이 크니까 무서울 수도 있었겠다. 그런데 우리와 모습은 달라도 같은 사람이잖아. 혀니가 친구들보다 훨씬 키가 커서 다른 친구들과 다르다고 혀니를 무서워하면 슬프겠지? 그러니까 다르다고 무서워하거나 피하면 안되는 거야."
"아~ 그렇구나."

집에 돌아온 후 아이와 함께 다문화에 관련된 책을 읽었다.

그 후에도 이따금 생각날 때마다 다양한 나라와 문화에 대한 책을 읽어주었다. 그리고 몇 개월이 지났을까? 다문화에 대한 그림그리기 대회가 있었다. 길에서 만났던 외국인 아저씨를 보고 숨었던 아이가 다양한 문화의 아이들이 같이 노는 모습을 그린 것이 아닌가? 몇 개월 사이 변화된 아이의 모습이 너무나 놀랍고 기특했다.

아이는 우리와 다르다는 것 때문에 낯설어서 무서워했고 무서움을 감추기 위해서 엄마 뒤에 숨었었다.
아이들이 자기와 다른 모습을 보고 놀라 평소와 다른 행동을 한다고 해서 혼을 내기 보다는 아이가 왜 그렇게 행동했는지 알게 된다면 문제의 해결 방법이 더 쉬워질 것이다. 아이를 이해해주고, 격려해주자.
아이들의 변화가 시작된다.

선비갓 만들기

info

난이도 : ★★★★☆

재료 : 검은스타킹 2켤레, 옷걸이, 아크릴 물감, 붓, 글루건, 컵라면 용기

대상 연령 : 4~8세

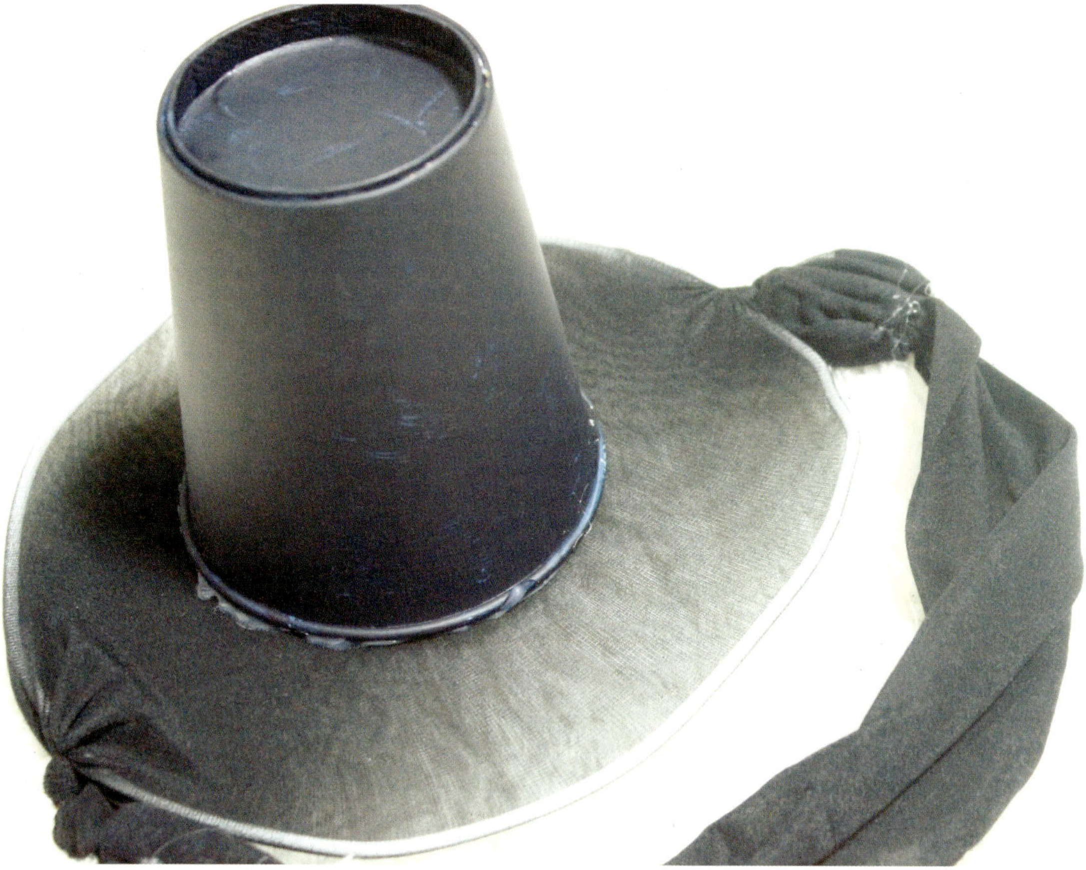

Art
갓이라고 하면 지금의 모자와는 다른 모양이라 낯설 수 있다. 만들기 전에 한국사, 전통 의상책 등을 보며 갓에 대해 알아 보고 전통 생활에 대해 자세히 알아본다.

Mathematics
일회용 옷걸이를 활용해서 다양한 모양을 만들고 도형의 개념을 익힐 수 있다.

how to

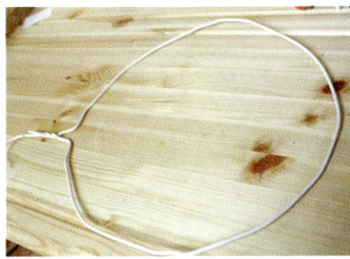
1. 옷걸이를 동그란 모양으로 만들어 줍니다.

2. 작은 컵라면 용기를 준비해 주세요.

3. 검은색 아크릴 물감으로 2번을 색칠해 주세요.

4. 옷걸이의 고리 부분을 잘라 주세요.

5. 검은색 스타킹의 발부분을 자른 후, 동그랗게 만들어진 옷걸이에 감싸주세요.

6. 나머지 스타킹 다리로 5의 양쪽에 연결해서 갓의 끈이 될 수 있게 해 주세요.

7. 3번의 컵라면 용기를 6번의 가운데에 붙여 줍니다.

8. 만들어진 갓을 쓰고 역할극을 해 보세요.

물티슈 뚜껑 국기교구

info

난이도 : ★★★☆☆

재료 : 물티슈 뚜껑, 국기 이미지, 색지, 풀, 가위
대상 연령 : 3~8세

STEAM

🎨 **Art**
각 나라의 위치와 수도, 언어, 특성, 역사에 대해 알아 보면서 다른 문화에 대한 편견을 줄이고 각 나라의 문화를 이해해 본다.

🖥 **Mathematics**
기억력 게임 테스트를 통해서 기억력을 향상시킬 수 있다.

how to

1. 물티슈 뚜껑을 모아 준비해 주세요.

2. 각 나라의 국기 이미지를 프린트해 주세요.

3. 물티슈 뚜껑 안쪽에 국기 이미지를 붙여주고 색지로 한번 더 붙여줍니다.

4. 물티슈 뚜껑쪽에 국기에 맞는 나라명을 적어주세요.

5. 위와 같은 방법으로 나라별로 각각 두 개씩 만들어 주세요.

6. 큰 우유갑을 세로로 반으로 잘라 보관 상자로 만들어 주세요.

7. 뚜껑 윗부분에 ?를 표시해서 궁금증을 유발하도록 합니다.

8. 하나씩 뒤집어 보며 같은 국기를 찾는 기억력 게임을 해 보세요.

인간과 자연

베란다 텃밭

아이들이 태어나면서 집은 아이들 중심으로 바뀌게 된다. 집에 남자 아이가
둘이나 있다 보니 1층을 선호하게 되었고, 아이들이 생기면서
신혼 때 마련한 화이트 톤의 가구들은 아이들 장난감에 찍히고 낙서가
가득한 모습으로 바뀌었다. 거실에 있던 소파를 없애버리고,
거실에 늘어놓았던 장식품들은 하나둘씩 없어지고 그 공간에 아이들의
책장이 들어섰다.

   텅 비어있던 베란다에는 작은 텃밭을 만들기 시작했다.
1층이라서 햇볕도 잘 들지 않았지만 조그마한 베란다 텃밭을 가꾸기
시작한 것이다. 베란다 텃밭을 만든 것은 아이들에게 직접 눈으로 자연을
보게 해주기 위해서였다. 아이들이 자연 관찰책을 통해서 자연의 모습을
보는 것도 좋지만, 제일 좋은 것은 직접 눈으로 확인할 수 있는 것이기
때문이다. 우리 때야 흙과 벗 삼아 놀고 자연스럽게 만져보고 탐색할 수
있었지만 요즘 아이들은 그럴 기회가 없다. 집에서 배나무나 사과나무를
키울 수는 없지만 집에서 키울 수 있는 다른 식물들을 키우기 시작했다.
방울 토마토, 고추, 파프리카, 당근, 딸기, 상추 등등. 큰 화분을 준비해서
흙을 채우고, 씨앗을 뿌리고 모종을 심고, 물을 주기까지 모든 과정을
아이들과 함께 했다.

　　　　　씨앗을 심는 과정에서 아이들은 각 식물마다 씨앗의 크기와
모양이 다르다는 것을 직접 볼 수 있었다. 그리고 뿌린 씨앗에서 뿌리가
생기고 줄기와 잎이 자라고 꽃이 피고 열매를 맺기까지의 모든 과정도
직접 볼 수 있었다. 책으로도 볼 수 있는 내용이지만 직접 눈으로 관찰하며
식물의 구조와 성장과정을 아이의 눈과 머리에 더 잘 각인시킬 수 있었다.
그리고 상추나 방울 토마토를 싫어했던 아이들이 직접 키우고 열매를
수확하면서 상추 쌈을 먹고, 방울 토마토를 먹는 모습에서 베란다 텃밭이
아이들에게 큰 변화를 이끌어 냈다는 것을 알 수 있었다.

　　　　　물론 베란다 텃밭은 자연 과학책 한 권을 보는 것보다 더 많은
시간이 걸린다. 하지만 아이의 머릿속에 더 오랫동안 남기 때문에 아이에게
놀이식 교육이 될 수 있다. 정성스럽게 키운 텃밭에서 맛있는 열매가
맺히기까지의 시간 동안 아이들은 놀이도 하고 지식도 영글어 갈 수 있는
것이다.

자연물 놀이

info

난이도 : ★★★★☆

재료 : 나무 조각, 글루건, 눈 장식, 펜
대상 연령 : 5~8세

STEAM

Science
나무결의 특징을 자세히 관찰할 수 있다.

Engineering
다양한 자연물을 이용하여 훌륭한 예술품을 꾸며 본다.

how to

1. 다양한 모양과 크기의 나무 조각을 준비합니다.

2. 아이들이 상상한대로 다양하게 꾸밀 수 있도록 합니다.

3. 눈 장식을 붙여서 꾸며줍니다.

4. 조금 부족한 부분은 펜을 이용해 그림으로 그려 주세요.

5. 완성!

물 양동이 만들기

info

난이도 : ★★☆☆☆

재료 : 떠먹는 요구르트통, 마스킹 테이프, 아이스크림 스틱, 스티커

대상 연령 : 3~7세

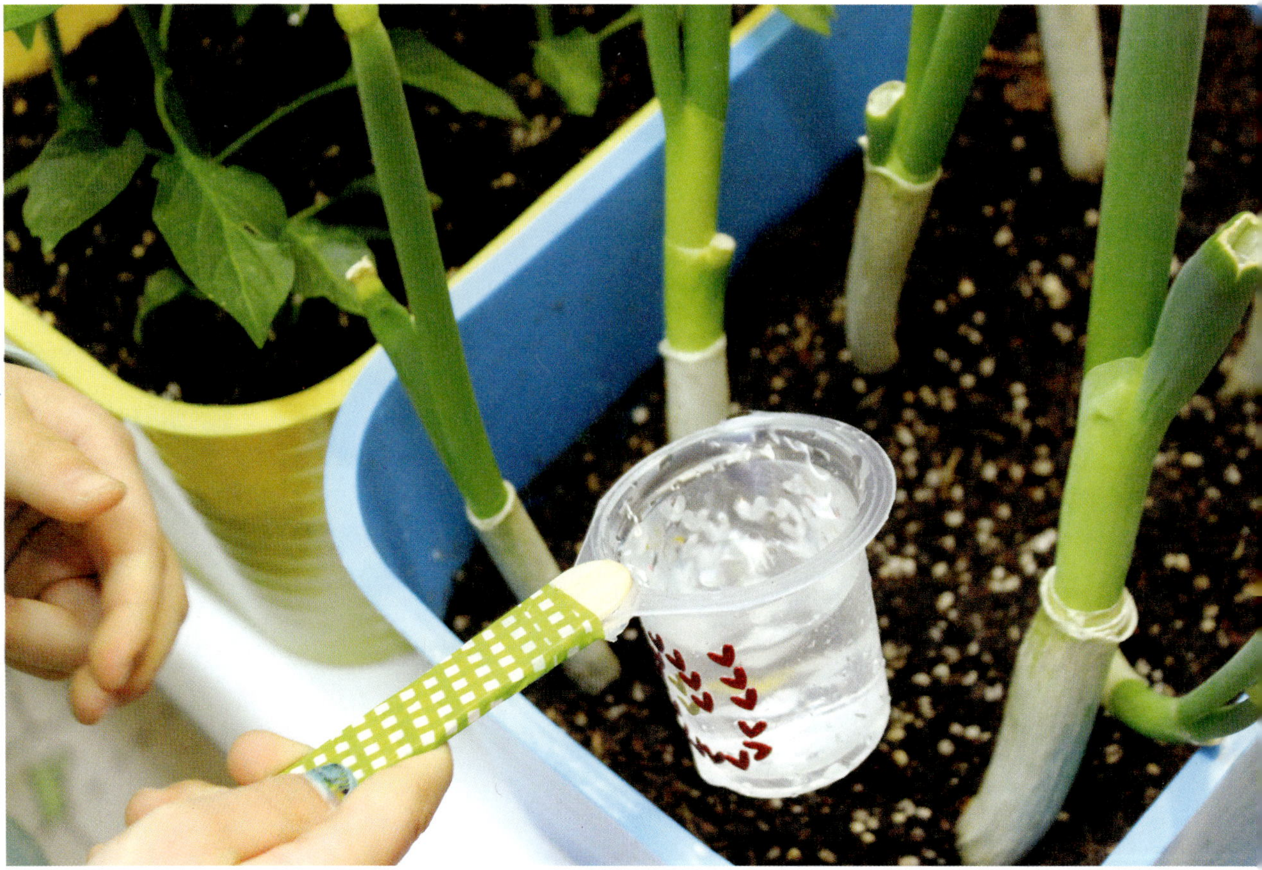

Engineering
물컵의 원리를 이용해서 물 양동이를 만들어 본다.

Mathematics
양동이 크기를 다르게 하여 물의 양과 무게를 체험할 수 있다.

how to

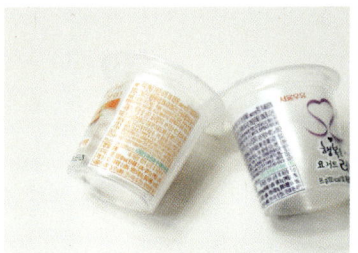
1. 떠먹는 요구르트를 먹고 씻어둡니다.

2. 요구르트 병의 비닐을 뜯어 주세요.

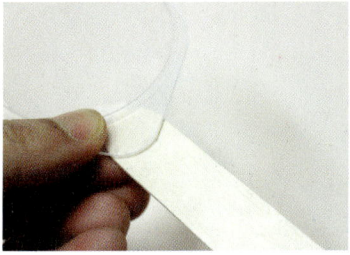
3. 요구르트 통 위쪽에 아이스크림 스틱을 붙여 주세요.

4. 아이스크림 스틱을 하나 더 준비해서 위 아래로 맞대어 붙여 줍니다.

5. 아이스크림 스틱을 마스킹 테이프로 돌돌 감아 주세요.

6. 아이들이 꾸미고 싶은 스티커로 5번을 꾸미도록 해 주세요.

7. 물양동이 완성!

8. 아이들과 베란다 텃밭에 물을 줘 보세요.

자연을 담은 열쇠고리

info

난이도 : ★★☆☆☆

재료 : 나무, 고무줄, 장식 재료, 눈 장식, 매직, 글루건
대상 연령 : 3~8세

STEAM

🧪 **Science**
나무결의 특징을 자세히 관찰할 수 있다.

🔧 **Engineering**
다양한 자연물을 이용하여 나만의 악세사리를 꾸며 본다.

how to

1. 잘라진 나무의 윗부분에 구멍을 뚫어 주세요.

2. 눈 장식을 붙여 주세요.

3. 장식 재료나 나무를 활용해 원하는 모양으로 꾸며주세요.

4. 매직으로 표현하고자 하는 동물의 포인트를 살려 그려주세요.

5. 구멍이 뚫어진 부분을 고무줄로 연결해 주세요.

6. 거북이, 물고기 열쇠고리 완성!

정의

아이의 옳은 도덕성, 정의의 가치

저녁 장을 보러 마트로 가기 위해 아이들 손을 잡고 아파트 앞에 있는 신호등에 섰다.
"오늘 저녁은 뭐먹지?"
"엄마 스파게티 해주세요. 낮에 친구가 어제 먹었다고 얘기했는데 저도 먹고 싶어졌어요."
"그래? 크림스파게티 해줄까? 토마토 스파게티 해줄까?"
"크림스파게티요!"

평범하게 저녁메뉴 이야기를 하던 중에 갑자기 아이의 목소리가 커졌다.
"엄마!! 엄마!!"
놀라서 아이의 얼굴을 쳐다보았다.
"왜?"
"엄마!! 저 아저씨 빨간 불인데 길을 건너고 있어요!"
순간 아이를 쳐다보면서 손가락을 입에다 갖다 대고 "쉿!!!!"이라고 얘기했다.
"왜요? 저 아저씨가 잘못했잖아요. 빨간 불일 때 건너면 안 되잖아요. 그럼 사고 나요!!"

맞다. 아이의 말이 백번 옳은 말이다. 항상 아이에게 초록색 불이 켜지면 건너야 한다고 가르치는 엄마인 내가 더 큰소리로 저렇게 하면 안 되는 것이라고 이야기 했어야 했다. 그런데 큰소리로 이야기하는 아이의 말소리가 불법횡단을 하는 사람에게 들릴까봐 '쉿!!!!'이라고 이야기해 버린 것이다. 아이들은 어른을 통해서 관찰학습이 이루어지는 경우가 많기 때문에 모범된 행동으로 아이를 이끌어 줘야하는데 오히려 아이에게 "조용히 해야 해!"라고 손짓을 한 내 자신이 부끄러웠다.

아이들의 도덕성 발달단계에서는 벌을 받지 않기 위해서, 상을 받기 위해서 규칙을 지키는 경우가 있다. 이번 일은 아이가 정의한 도덕성에 따른 행동과정과 결과에 비추어보면 분명히 길을 잘못 건넌 어른이 잘못한 것이다. 그러나 세상은 아이들처럼 순수하고 도덕적 규칙과 정의를 잘 지키는 사회가 아니고 남의 눈치를 보게 되는 사회로 검게 물들어 버렸다.

아이는 마음속으로 분명히 옳지 않은 일이라고 생각하는데, 엄마가 "그건 옳은 것이니, 그냥 그렇게 알아."라고 말한다면 아이는 어떻게 해야 할까? 또 많은 사람들이 엄마의 말이 옳은 것이라고 말한다면. 처음에는 "이건 아닌데."라고 생각하다가도 "그런가?"하고 고민에 빠지게 될 것이다. 하지만 많은 사람들이 주장해도 옳지 않은 것은 언제나 옳지 않은 것이다. 자신이 위험에 처하거나 손해를 보더라도 옳은 일로 행동할 수 있어야 한다. 그만큼 정의를 지키는 일은 어렵지만 꼭 필요한 가치이다. 그래서 아이에게 항상 옳은 기준을 제시해주기 위한 주변 어른들의 끊임없는 노력이 늘 필요하다. 일단 엄마인 나부터 반성하며...

맞다
아이의 말이 맞다.
엄마인 내가 더 큰소리로
그러면 안된다고 이야기를
했어야 했다.

악어
캐스터네츠

info
난이도 : ★★★★☆

재료 : 일회용 플라스틱 그릇, 눈 장식, 펠트지, 병뚜껑, 글루건
대상 연령 : 6~8세

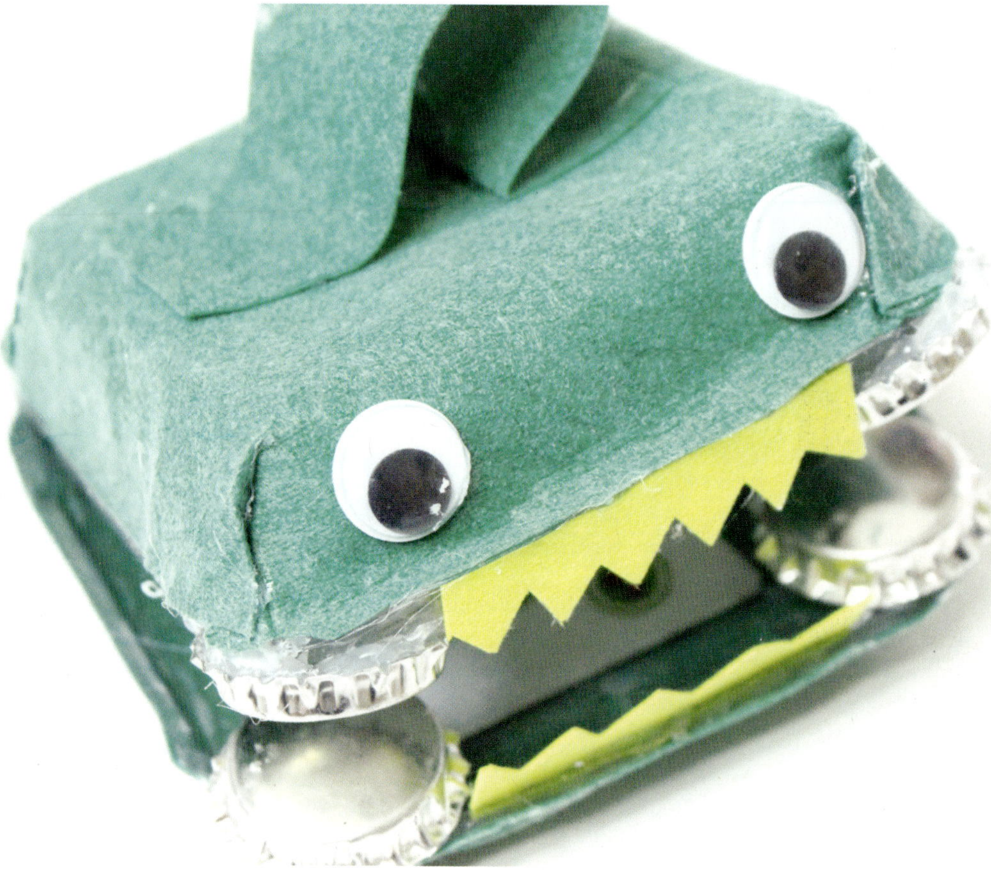

Art
일회용 플라스틱 그릇의 반동을 이용하여 병뚜껑이 맞대어 나는 소리를 들을 수 있다. 강약을 조절하면서 눈과 손의 협응력을 익힐 수 있다.

how to

1. 일회용 플라스틱 그릇을 준비해 주세요.

2. 펠트지로 일회용 그릇을 감싸줍니다.

3. 펠트지를 사각형으로 잘라 손잡이가 될 수 있도록 플라스틱 위 아래에 붙여 주세요.

4. 병뚜껑 4개를 플라스틱 그릇 입구 안쪽에 붙여 주세요.

5. 눈 장식과 이빨 등 악어의 특징을 살려 꾸며 주세요.

6. 소리를 들어 봅니다.

저금통
만들기

info

난이도 : ★★★☆☆

재료 : 우유갑, 글루건, 색종이, 아이스크림 스틱, 칼, 마분지
대상 연령 : 5~8세

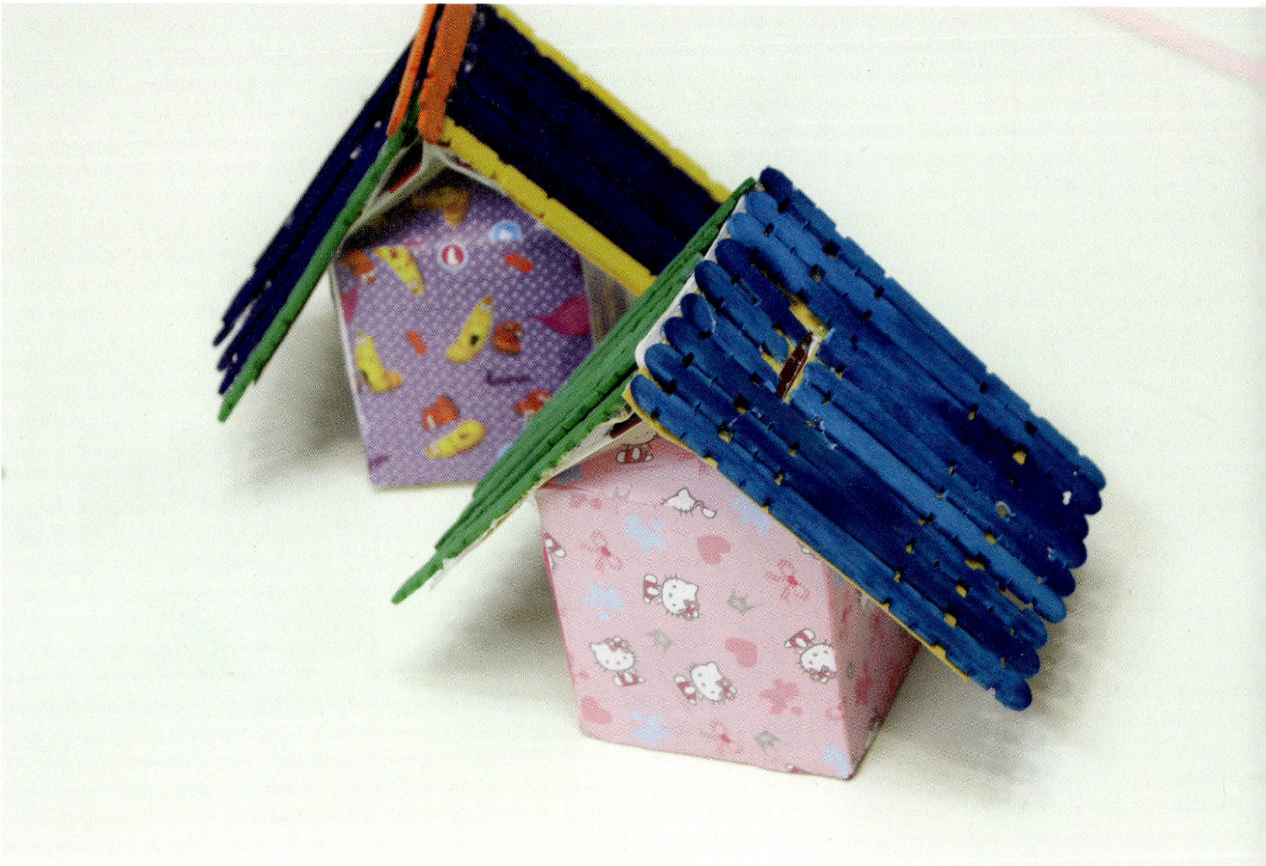

Science
동전과 지폐의 차이에 대해 알아보고, 저금통 안의 금액이 늘어남에 따라 변하는 무게를 측정, 비교해 본다.

Mathematics
지붕 위에 아이스크림 스틱을 붙이는 활동을 통해서 넓이에 대한 양감을 키운다.

how to

1. 우유갑을 준비해 주세요.

2. 글루건으로 입구를 막아주세요.

3. 아이가 좋아하는 패턴의 색종이를 준비해 주세요.

4. 색종이로 우유갑을 포장해 줍니다.

5. 마분지로 우유갑의 윗부분을 덮어 주세요.

6. 동전이 들어갈 위치를 뚫어주고 구멍을 남기고 모두 아이스크림 스틱으로 붙여 주세요.

7. 동전을 넣기 전에 크기와 무게를 비교해보고 동전에 새겨져 있는 무늬도 확인해 보세요.

오리진하우스
ORIGIN HOUSE

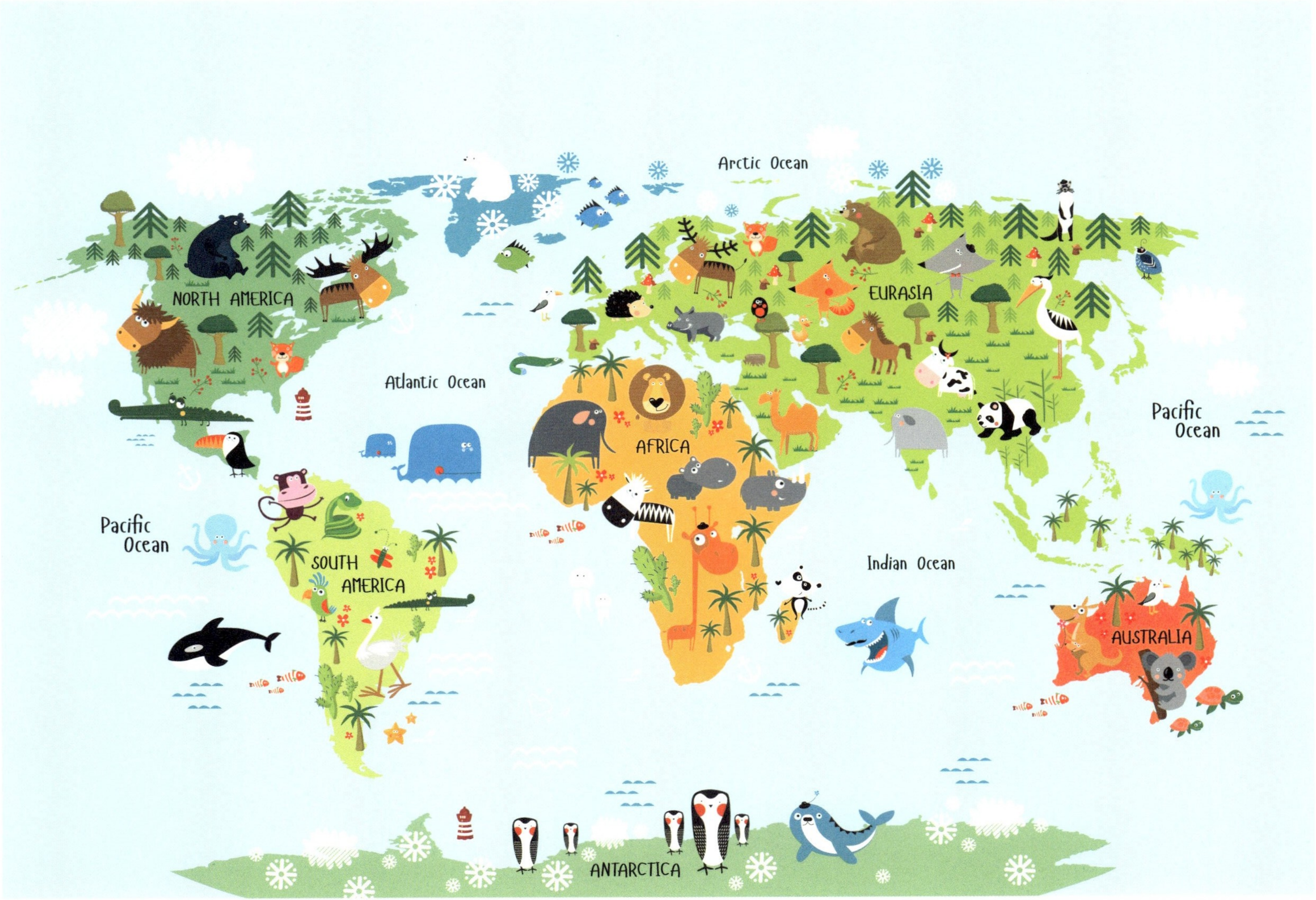
Arctic Ocean
NORTH AMERICA
EURASIA
Atlantic Ocean
Pacific Ocean
AFRICA
Pacific Ocean
SOUTH AMERICA
Indian Ocean
AUSTRALIA
ANTARCTICA

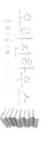

오리진하우스
ORIGIN HOUSE

오리진하우스
ORIGIN HOUSE